Carl Scholl

Wahrheit aus Ruinen, oder, Das ewige Evangelium der Humanität

Carl Scholl

Wahrheit aus Ruinen, oder, Das ewige Evangelium der Humanität

ISBN/EAN: 9783743613461

Hergestellt in Europa, USA, Kanada, Australien, Japan

Cover: Foto ©Lupo / pixelio.de

Manufactured and distributed by brebook publishing software (www.brebook.com)

Carl Scholl

Wahrheit aus Ruinen, oder, Das ewige Evangelium der Humanität

Wahrheit aus Ruinen

oder das

Ewige Evangelium der Humanität.

Original-Aussprüche

aus den

ältesten vorchristlichen Schriftwerken der Chinesen, Inder, Perser, Griechen, Römer und Germanen.

Gesammelt und übersichtlich geordnet

von

Carl Scholl.

Frankfurt a. M.
Franz Benjamin Auffarth.
1873.

Das Recht der Uebersetzung in fremde Sprachen behält sich der Verfasser vor.

Vorwort.

Was mir in den Tagen der Kindheit die Burgruinen meiner Heimath waren, in deren alterndem Gemäuer ich oft stundenlange umherkletterte, das ist mir in viel höherem Grade später die eingehende wissenschaftliche Beschäftigung mit dem ganzen, grossen Alterthum geworden. Als Knabe träumte ich von der Vergangenheit, als Mann ging mir die Erkenntniss ihres innersten Wesens auf, und je mehr sie mir aufging, desto weniger fühlte ich mich fremd in dieser untergegangenen Welt, desto heimischer ward mir zu Muthe.

Was mich vor Allem unwiderstehlich anzog, das waren die grossen *Denker*, deren Werke uns zum Theil vollständig, zum Theil wenigstens in Bruchstücken noch erhalten sind, und aus denen mir, je vertrauter ich mit ihnen wurde, als unumstössliche Thatsache entgegentrat, dass alles Wahre und Schöne längst vor uns von Anderen schon gedacht worden ist, und Göthe Recht hat, wenn er uns zuruft:

> Das Wahre war schon längst gefunden,
> Hat edle Geisterschaft verbunden,
> Das alte Wahre, fass' es an!

Es war nur jüdischer und christlicher Hochmuth, der allzulange das Aufgehen dieser Erkenntniss verhindert, nur Unkenntniss des Alterthums und namentlich seiner Schriftwerke, welche jenen Hochmuth genährt und gepflegt hat. Dieser Unkenntniss ist jetzt aber durch die ebenso gründlichen als hinsichtlich ihrer Erfolge überraschenden wissenschaftlichen Forschungen des letzten und zumal dieses Jahrhunderts, durch die vergleichenden Untersuchungen der Sprachkunde und der Alterthumskunde überhaupt, jede Entschuldigung genommen, und vor Allem sind es, — abgesehen von den schon früher zugänglich gemachten *griechischen* und *römischen*, — die von Jahr zu Jahr in immer vollkommneren Uebertragungen uns aufgeschlossenen *chinesischen, indischen* und *persischen* ältesten Schriftdenkmale, welche Jedem, der Anspruch auf Bildung macht, die Unhaltbarkeit und Ungerechtigkeit der bisherigen Geringschätzung oder gar Verurtheilung des sogenannten heidnischen Alterthums klar und überzeugend zum Bewusstsein bringen.

Fortan handelt es sich desswegen hauptsächlich nur darum, diese Aufschlüsse der Alterthumswissenschaft, welche zerstreut in den verschiedensten Sprachen, und in einer Menge von Werken, die nicht nur ihrer gelehrten Form, sondern auch ihres meist hohen Preises wegen nur Wenigen zugänglich, enthalten sind, der grossen Masse Wahrheit-Suchender mehr und mehr zugänglich zu machen, — und als einer der mannichfachen Versuche hiezu möchte diese gegenwärtige Arbeit betrachtet sein.

Ihr Hauptzweck ist, mit dem Wichtigsten des heidnischen Alterthums, mit seinem *Geist* vertraut zu machen, und durch Mittheilung von Original-Aussprüchen nachzuweisen, dass weder das *Judenthum* noch das *Christenthum* auch nur im Entferntesten ein Recht auf den Anspruch haben, *allein* im Besitz der Wahrheit, und zwar namentlich der sittlich-religiösen Wahrheiten, zu sein vielmehr nachzuweisen, dass, was wir unter dem Wust von Wahn und Aberglaube Wahres und Schönes in diesen beiden Religionen finden, Alles, und zwar ohne Ausnahme, im heidnischen Alterthum schon, in den Grundgedanken seiner gefeiertsten Denker, Dichter und Religionslehrer, und in den ältesten Schriftwerken derselben uns entgegentritt, ja, dass wir in diesen Schriftwerken vielem Schönen, begegnen, das wir in sämmtlichen biblischen Urkunden des Judenthums und Christenthums vergeblich suchen.

Näher betrachtet drängt sich uns bei vorurtheilsloser Prüfung der Schriftdenkmale des heidnischen Alterthums namentlich die überraschende Thatsache auf, dass dieselben nicht nur im Allgemeinen eine Fülle ewig wahrer und schöner Gedanken und Grundsätze enthalten, sondern vor Allem auch solche, in welchen sich der *Geist echter und wahrer Humanität* offenbart. Und *vorzugsweise diese zu sammeln schien mir gerade in unseren Tagen ein Unternehmen, welches von Freund wie Feind als ein zeitgemässes begrüsst werden dürfte.* Handelt es sich doch in allen reformatorischen Bestrebungen und Kämpfen der Gegenwart um nichts Anderes, als, im Gegensatz zu einer auf Verkennung, Verkümmerung und Verstümmelung des wahren Menschenwesens beruhenden Gott- und Weltanschauung, und im Gegensatz zu Einrichtungen, Bräuchen, Sitten und Gesetzen, welche dieser verkehrten Anschauung ihren Ursprung verdanken, derjenigen Weltanschauung mit ihren praktischen Folgerungen Bahn zu brechen, welche von der wahren Erkenntniss und Würdigung des Menschenwesens ausgeht, das heisst der *humanen*, im Gegensatz zu der *kirchlich-* oder *confessionell-beschränkten*. In diesem Riesenkampfe ersteht für alle Diejenigen, welche um's Banner der Humanität sich geschaart, ein gewaltiger, von den Wenigsten geahnter Bundesgenosse in jenem Geist des Alterthums, wie er sich in den hier gesammelten Aussprüchen, wenigstens weitaus in den meisten derselben, kundgibt. Es ist darum gewiss keine Ueberhebung, und ich darf es um so ungescheuter aussprechen, als mein persönliches Verdienst bei der vorliegenden Arbeit trotz allem Aufwand von Fleiss und Geduld, ein sehr geringes ist, es ist, sage ich, keine Ueberhebung, wenn ich diese Sammlung ältester Original-Aussprüche nicht nur als *„ewiges Evangelium der Humanität"*, oder noch richtiger als *Sammlung der ältesten Urkunden und Bruchstücke dieses Evangeliums* bezeichne, sondern wenn ich sie ebendesswegen der Oeffentlichkeit in der Ueberzeugung übergebe, dass sie geeignet sein dürfte, eine von Vielen empfundene Lücke auszufüllen, und sich im immer heisser werdenden Kampf der Gegenwart als eine Sammlung ebenso kostbarer als erprobter, — Friede und Versöhnung bringender, Waffen darzubieten.

Von dieser Ueberzeugung durchdrungen war ich ängstlich bemüht, — und die nähere Angabe der Quellen, aus denen ich schöpfte, wird es beweisen, — nur solche Aussprüche vorzuführen, welche sich in von der Wissenschaft anerkannten Werken des Alterthums vorfinden, und ich habe mit strenger Gewissenhaftigkeit darauf gehalten, den ursprünglichen Gedanken rein und unverfälscht wiederzugeben. Es finden sich desswegen, wenn auch im Ganzen nur wenige, Stellen, in welchen um der Treue der Wiedergabe des Grundgedankens willen ich es für Pflicht hielt, auch eine nur der Zeit des Verfassers angehörige, nicht auf allgemeine Wahrheit Anspruch machende mythologische Idee oder einseitige Vorstellung überhaupt, sofern sie mit dem Grundgedanken zusammenhing, gleichfalls vorzuführen, oder vielmehr in ihrem ursprünglichen Zusammenhang zu belassen, wie sich auch zum Zweck der lebendigeren nationalen Färbung des Gesammtgemäldes einzelne Aussprüche finden, welche im Ganzen eine überwundene Anschauungsweise enthalten, die aber durch andere ihnen entgegengestellte von selbst ihre Berichtigung erfahren. Darüber habe ich von denkenden Lesern keinen Vorwurf zu fürchten, von Lesern, welche die Wahrheit auch aus ihrer Verhüllung und scheinbaren Widersprüchen herausfühlen, und ich habe das um so weniger, als ich im Allgemeinen ausdrücklich die Erklärung vorausschicke, dass, so sehr ich von der Fülle und Macht der Wahrheit, welche aus diesen gesammelten Aussprüchen mit überwältigender Gewalt im grossen Ganzen herausleuchtet, überzeugt bin, ich nichts destoweniger im Entferntesten nicht behaupte, dass jeder einzelne derselben die ganze Wahrheit oder dass er sie jedesmal auch in der angemessensten Form des Ausdruckes enthalte, obgleich bei einer sehr grossen Zahl wir nicht werden umhin können, den wahrhaft classischen Ausdruck anzuerkennen.

Von mir selbst übersetzt sind nur einzelne von den Aussprüchen *griechischer* und *römischer* Schriftsteller, einzelne Stellen von *Kong-fu-tse*, *Meng-tse* und von *Schülern* des Ersteren, welche sich — wie bei der Quellen-Angabe näher ersichtlich — im *lateinischen* Text bei *W. Schott* und *St. Julien*, im *französischen* bei *De Guignes* und *A. Rémusat*, und im *englischen* bei *Marshman* finden, ebenso einzelne Aussprüche *Buddha's*, wie sie theils in der *lateinischen* Ausgabe des *Dhammapadam* von *V. Faussböll*, theils in der *englischen* Uebertragung des

Sangermano von *W. Tandy* verzeichnet sind, und schliesslich das ganz Wenige, was der *Harivansa* in der *englischen* Ausgabe entnommen ist.

Der weitaus grösste Theil der Aussprüche erscheint, da ich namentlich mit der *chinesischen, indischen* und *persischen* Sprache nicht vertraut bin, in Uebersetzungen Anderer, aber in Uebersetzungen, deren wissenschaftlicher Werth von den Männern des Fachs anerkannt ist, und bei denen ich es mir weiter angelegen sein liess, mich, wenn nicht ausschliesslich, so doch vorzugsweise an diejenigen zu halten, welche als die Früchte neuester Sprach-Forschung betrachtet werden müssen. So habe ich hinsichtlich der im schon erwähnten *Dhammapadam* enthaltenen Aussprüche Buddha's nicht nur die zuerst im Jahre 1835 erschienene *lateinische* Ausgabe von *V. Faussböll* benützt, sondern auch die deutsche berücksichtigt, welche im Jahre 1860 von *Alb. Weber* erschien, und bei voller Anerkennung des grossen Werthes der früheren doch wesentliche Verbesserungen gebracht hat. Ebenso habe ich bei den der *Zend-Avesta* entnommenen Stellen mich nicht sowohl an die erste, für die Zeit ihres Erscheinens (1771) und ihrer Uebertragung ins Deutsche durch *F. F. Kleuker* (1776—83) ausgezeichnete französische Uebersetzung des *Anquetil du Perron*, als vielmehr an die neuere des deutschen Orientalisten *F. Spiegel* (1832 bis 1863) gehalten, welche ihre Vorgängerin dadurch vollständig in Hindergrund gedrängt hat, dass sie sich auf die Fortschritte in der Erforschung der alt-persischen und der Sanscrit-Sprache stützt, welche erst seit den Arbeiten eines *W. Jones* und *E. Burnouf* möglich geworden, und an welchen Spiegel selbst den hervorragendsten Antheil hat.

Was die *Anordnung*, die Eintheilung des vorliegenden Stoffes, nach gewissen bezeichnenden Grundgedanken, und die Reihenfolge der einzelnen Aussprüche betrifft, so ging ich von der Ansicht aus, dass ein ungeordnetes, bloses Nebeneinanderstellen, ohne jede Rücksicht auf den Inhalt, allerdings eine leichtere Arbeit gewesen wäre, dass dadurch aber der Zweck ihrer Sammlung und Veröffentlichung vollständig wäre verfehlt worden. Eine Sonderung des Stoffes hielt ich für unbedingt nothwendig, und so schwierig gerade dieser Theil meiner Arbeit gegenüber der grossen Masse des Stoffes, und zumal gegenüber Aussprüchen oder Gedanken Anderer war, besonders wenn diese, wie sehr oft der Fall, nur vereinzelt in einem älteren Werke dastehen, und es sich nicht aus dem Zusammenhang ersehen lässt, welches der eigentliche, leitende Grundgedanke sei, so habe ich mich doch derselben unterzogen, und habe es in der Weise gethan, dass ich, so gut es ging, bemüht war, diejenigen Aussprüche zusammen zu stellen, welche mir durch ihren Inhalt mehr oder weniger verwandt schienen. Dabei war es mein besonderes Bestreben, nicht von vornherein gewisse Gedanken-Rubriken aufzustellen, und nachher erst zu suchen, welche Aussprüche etwa sich denselben unterordnen liessen, sondern ich suchte umgekehrt aus den vorliegenden Aussprüchen selbst die einzelnen unterscheidenden Grundgedanken heraus, wodurch ich eine natürliche, aus dem Inhalt selbst sich ergebende Eintheilung erhielt, woher es eben auch selbstverständlich kommt, dass die Eintheilung bei den einzelnen Völkern eine mehr oder weniger verschiedene ist. Dass eine solche nachträgliche Eintheilung keinen Anspruch auf vollkommene logische Genauigkeit oder Folgerichtigkeit machen kann, ebensowenig hinsichtlich der Einordnung jedes einzelnen Ausspruchs unter einen bestimmten Grundgedanken, als hinsichtlich der Aufeinanderfolge derselben innerhalb der ihnen angewiesenen Rubrik, das versteht sich ebenfalls von selbst, und wird der Kundige am wenigsten sich daran stossen.

Was schliesslich die Namens-Unterschriften unter den Aussprüchen anbelangt, welche angeben sollen, woher die betreffenden stammen, so verweise ich auf den „Wegweiser zu den Quellen," und schicke hier nur voraus, dass es ursprünglich meine Absicht war, bei jedem einzelnen Ausspruch nicht nur den Verfasser, sondern auch die ganz genaue Bezeichnung der Schrift, ihrer Ausgabe und der Seitenzahl beizusetzen, dass ich darauf aber aus dem Grunde verzichtet habe, weil durch solche auf allen Seiten meines Werkes fortlaufenden gedrängten, kleinen Notizen das Ganze ein abschreckend gelehrtes Aussehen erhalten hätte. Für den unmittelbaren Zweck, den ich im Auge habe, genügt es vollkommen, zu wissen, von wem, also zugleich aus welcher Zeit der Ausspruch herrührt; die Kundigen werden auf den ersten Blick erkennen, dass die Quelle richtig angegeben ist, und wer daran zweifelt, oder sich überhaupt ausdrücklich selbst von der Richtigkeit überzeugen will, der muss sich eben die Mühe eigenen Suchens in den angegebenen Quellen nicht verdriessen lassen.

Die meisten Unterschriften bezeichnen Namen von Persönlichkeiten, wie *Lao-tse*, *Kong-fu-tse*, *Manu*, *Buddha* *Homer*, *Sophocles*, *Cicero*, *Seneca* etc., einzelne dagegen das alte Schriftwerk, welchem der Ausspruch entnommen ist, und dieses immer dann, wenn es sich nicht genau nachweisen lässt, von wem das Schriftwerk herrührt. Dabei will ich ebenfalls schon an dieser Stelle darauf aufmerksam machen, dass der Name *Kong-fu-tse* bei der chinesischen, und *Buddha* bei der indischen Abtheilung unter manchen Aussprüchen steht, welche aus Schriftwerken stammen, die zwar weder der eine noch der andere selbst, oder zum wenigsten nicht allein verfasst oder die er nur, wie Kong-fu-tse, als ältere Urkunden selbstständig redigirt hat, von denen aber soviel feststeht, dass sie nach der Annahme des Alterthums wie nach der Ansicht heutiger Forscher ihrem wesentlichen Gedankeninhalt nach allerdings entweder von einem dieser beiden Geistesheroen selber, oder doch von einem ihrer hervorragenderen Schüler und Anhänger herrühren, — ähnlich manchen Stellen der Evangelien, welche Jesus in den Mund gelegt werden, oft aber nur Aussagen der Verfasser im Geiste Jesu sind.

Dieses vorausgeschickt, übergebe ich meine Arbeit getrost allen Denen, welche am aufreibenden Geisterkampf der Gegenwart, sei es als mir befreundete Gesinnungsgenossen, sei es als ehrliche Gegner, betheiligt sind. Ich bin mir vollkommen bewusst, wie sie hinter dem mir vorschwebenden Ideale weit zurückgeblieben, wie sie sowohl hinsichtlich der Vollständigkeit, als der Anordnung des Gesammelten Vieles zu wünschen übrig lässt, aber ich vertraue um so zuversichtlicher auf eine freundliche und nachsichtige Beurtheilung, als dieser Versuch in seiner Art der erste, und nicht nur der vorhandene Stoff seiner Masse und seinem Inhalt nach ein schwer zu bewältigender ist, sondern ich auch in meinen persönlichen Verhältnissen den hier verarbeiteten nur mit Mühe aus privaten und öffentlichen Bibliotheken habe erlangen können.

Möge dieses Sammelwerk das Seinige dazu beitragen, dass die Ideen der heute zumal auf religiösem Gebiet sich Bekämpfenden am urfrischen, urkräftigen und ewig jungen Geist der Denker längst entschwundener Jahrhunderte sich läutern, reinigen und stärken, möge vor Allem *der Geist echter Humanität,* der schon aus diesen Stimmen des grauesten Alterthums, wie aus Ruinen einer untergegangenen Welt zu uns spricht, alle Herzen und Verhältnisse der Gegenwart immer mehr durchdringen, und möge er es sein, der unserm trotz aller Siege an Charakter mattgewordenen Geschlecht wiederbringe, was es verloren: einfachen, gesunden, natürlichen Sinn, Bewusstsein unserer gleichen Menschenwürde, Gerechtigkeit, Wahrheitsmuth und Freiheitsbegeisterung, hingebende Liebe, und durch das Alles: *Friede und Versöhnung!*

Nürnberg, den 30. August 1872.

Carl Scholl.

Inhaltsverzeichniss.

I. Chinesisch.

Seite

1. Vernunft. Wahrheit. Weisheit. Vorsicht. Rechte Mitte   3
2. Tugend. Tugendstreben. Tugendglück   8
3. Selbsterkenntniss. Selbstbesserung. Selbstüberwindung . 15
4. Religiöse Gebräuche 22
5. Die Wege des Schicksals. Selbstverschuldet Unglück.
   Aeusseres Glück und seine Gefahren. Wahres Glück und
   Zufriedenheit 23
6. Mann und Weib. Familienleben. Erziehung. Eltern-Liebe
   und -Verehrung 30
7. Der Staat und seine sittlichen Grundlagen. Bürger- und
   Herrscher-Pflichten 33
8. Menschenkenntniss. Menschliches Zusammenleben. Treue
   und Aufrichtigkeit 44
9. Menschenliebe. Menschenfreundlichkeit. Mitleid. Freund
   und Feind. Vergeben und Vergessen 52
10. Leben und Tod. 59

II. Indisch.

1. Die Grundgesetze wahrer Glückseligkeit 63
2. Wachsamkeit über sich selbst. Das Böse und seine Ueberwindung. Folgen unseres Thuns. Reue und Besserung.
   Selbsterkenntniss. Weisheit 67
3. Ceremonien und wahre Religion 80
4. Gleichmuth. Muth. Heldensinn 81
5. Rechtschaffenheit. Wahrhaftigkeit. Einfluss des Umgangs 82

	Seite
6. Die Familie. Eltern und Lehrer. Mann, Frau, Jungfrau	87
7. Staatsleben. Herrscherpflichten	91
8. Achtung und Schonung aller lebenden Wesen. Menschliche Gleichheit. Mitleid. Güte. Sanftmuth. Versöhnlichkeit. Pflichten gegen die Thiere	93
9. Kreislauf des Lebens. Vergänglichkeit. Tod	98

III. Persisch.

1. Reinheit im Denken, Sprechen und Thun. Rechtschaffenheit 105
2. Bekämpfung des Bösen. Wahrheit. Weisheit. Einzelne Fehler und Laster. Reue. Vergebung 109
3. Familie. Staat. Liebevolles Verhalten gegen Menschen, Thiere und Pflanzen 115
4. Letzter Wunsch 118

IV. Griechisch.

1. Vernunft, die Führerin zur Tugend. Das Gute und Böse. Das Glück der Tugend 121
2. Weisheit. Wissen. Selbsterkenntniss. Selbstbeherrschung. Mässigung. Besonnenheit 126
3. Recht. Gerechtigkeit. Rechte Thätigkeit. Pflicht. Ehre. Muth 137
4. Einzelne Fehler, Leidenschaften und Laster 144
5. Lohn und Strafe 153
6. Eltern und Kinder. Mann und Weib. Liebe. Kindheit. Jugend. Alter 157
7. Vaterland. Volk. Staatsordnung. Staatslenker. Kampf für Freiheit und Vaterland 166
8. Menschenrecht. Stände. Menschlichkeit. Gastfreundschaft. Umgang. Freundschaft. Milde. Versöhnlichkeit 178
9. Des Lebens Flucht und Leid. Lebensgenuss. Jagen nach Reichthum. Wahres Glück. Zufriedenheit. Ergebung im Unglück. Hoffnung 188
10. Der Tod 212

V. Römisch.

Seite

1. Natur. Vernunft. Tugend. Tugendglück. Weisheit. Uneigennütziges Pflichtgefühl 219
2. Selbsterkenntniss. Selbstüberwindung. Besonnenheit. Bezähmung der Leidenschaften. Gut und bös Beispiel . . 227
3. Vergnügen. Glücksgüter. Habsucht. Genügsamkeit. Ruhm. Ehrgeiz. Stand 235
4. Schicksalswechsel. Ergebung. Standhaftigkeit. Muth. Gleichmuth und Seelengrösse des Weisen 243
5. Familie. Weib. Kind. Erziehung. Jugend. Alter. . . . 250
6. Gemeinwohl. Gerechtigkeit. Bürgerpflicht. Herrschaft. Gewaltherrschaft. Liebe zum Vaterland. Krieg 252
7. Allgemeine Menschenliebe. Rechtlichkeit. Wahrhaftigkeit. Treue. Wohlwollen. Dankbarkeit. Mitgefühl. Freundschaft. Versöhnlichkeit. Schöne Menschlichkeit 259
8. Leben und Tod 274

VI. Germanisch.

1. Guter Leumund. Tugend 283
2. Lebensglück. Lebensmuth. Selbstvertrauen. Weisheit. Vorsicht. Mässigung 284
3. Männer und Herrscher. Treue. Wahrhaftigkeit. Reden und Schweigen 286
4. Freundschaft. Gastfreundschaft. Mitleid. Versöhnlichkeit. 289
5. Eigenes Haus. Genügsamkeit. Liebe. Mann. Weib. Mutter 291
6. Tod und Nachruhm 293

Wegweiser zu den Quellen 294

I.

Chinesisch.

Carl Scholl, Wahrheit aus Ruinen.

I.

Vernunft. Wahrheit. Weisheit. Vorsicht.
Rechte Mitte.

Himmel und Erde sind der Vater und die Mutter aller Dinge; der Mensch ist unter allen Wesen das einzige, welches Verstand zur Unterscheidung hat. *Kong-fu-tse.*

Die Menschen haben Vernunft; wenn sie aber der Erziehung entbehren, sinken sie herab zu den Thieren.
Meng-tse.

Handle nicht gegen die Vernunft! *Kong-fu-tse.*

Lasse die Vernunft und nicht die Sinne dein Betragen bestimmen, denn die Vernunft wird dich lehren, weise zu denken, klug zu sprechen, und dich bei allen Gelegenheiten würdig zu benehmen. *Kong-fu-tse.*

Die Wahrheit ist der Weg des Himmels; Wahrheit suchen ist des Menschen Aufgabe. *Meng-tse.*

Die Ergründung des Erhabenen gleicht einem Bau, an dessen Vollendung fort und fort bis in die fernsten Zeiten gearbeitet werden wird. *Lao-tse.*

Wer des Himmels Gesetz nicht kennt, der kann kein wahrer Weiser werden. *Kong-fu-tse.*

Das Gesetz der Natur ändert sich nicht eines Haares Breite. *Kong-fu-tse.*

Fange früh an, zu forschen. *Kong-fu-tse.*

Wenn man sich ernstlich dem Forschen hingibt, so wird man täglich seine Kenntnisse vermehren.
Lao-tse.

Lernen ohne Nachdenken ist unnütz. *Kong-fu-tse.*

Ueberlege deine früheren Vorstellungen und erwirb dir neue, auf diese Art kannst du Meister werden.
Kong-fu-tse.

Weise ist, wer Kenntnisse besitzt und sie gut anwendet, oder, wenn er sie nicht besitzt, sich seine Unwissenheit gesteht. *Kong-fu-tse.*

Denke mit Gemüthsruhe nach über das früher Gedachte, strebe nach Weisheit ohne Ermüdung, lasse den Muth nicht sinken in der Aufklärung des Volkes.
Kong-fu-tse.

Wer Andere unterrichtet, belehrt sich selbst.
Kong-fu-tse.

Die Menschen lassen sich durch die Gewohnheit leiten, aber sie können zur Erkenntniss nicht gezwungen werden. *Kong-fu-tse.*

Der weise Mensch strebt nach Oben, der gemeine Mensch nach Unten. *Kong-fu-tse.*

Drei Dinge muss der Weise ehren: die Gesetze des Himmels, grosse Menschen und die Worte der Edelsten.
Kong-fu-tse.

Der Weise gleicht dem Weltmeer; er schafft und bewahrt alle Dinge, seine Erhabenheit reicht bis zum Himmel. *Kong-fu-tse.*

Der Weise hat sich vor drei Dingen zu hüten. In der Jugend, wenn Blut und Lebensgeister noch nicht gedämpft sind, hüte er sich vor Wollust; in reiferen Jahren vor Zänkereien; im Greisenalter vor Habsucht.
Kong-fu-tse.

Der Weise hat neun Gegenstände der Betrachtung und des Strebens. Wenn er schaut, strebt er nach Klarheit; wenn er hört, strebt er nach richtiger Auffassung; in seinen Mienen nach Heiterkeit; in der Haltung seines Körpers nach Würde; in Worten nach Aufrichtigkeit; in Geschäften nach Emsigkeit, wenn er zweifelt nach Erforschung der Wahrheit; wenn er zürnt, denkt er an die traurigen Folgen; wenn er Gelegenheit zum Gewinn hat, an Recht und Billigkeit. *Kong-fu-tse.*

Wer nicht das Recht vom Unrecht unterscheidet, ist kein Mensch. Gefühl für Recht und Unrecht ist der Anfang der Weisheit. *Meng-tse.*

Wer im vierzigsten oder fünfzigsten Jahre noch keine Fortschritte in der Weisheit gemacht hat, der wird niemals dahin gelangen, dass man ihn ehrwürdig nennen kann. *Kong-fu-tse.*

Kein weiser Mann ist weise früh bis Nachts, Des Weisen Tag hat eine Thorenstunde. *Kong-fu-tse.*

Ein Weiser sieht in die Ferne. *Kong-fu-tse.*

Wer nicht vorsichtig in die Ferne sieht, hat den Gram in der Nähe. *Kong-fu-tse.*

Der Vorsichtige und Enthaltsame thut selten einen Fehltritt. *Kong-fu-tse.*

Am Anfang muss man überlegen, nicht am Ende. *Kong-fu-tse.*

Nur reifliche Ueberlegung kann Grosses zu Stande bringen. *Kong-fu-tse.*

Kraft mit Vermessenheit gepaart führt zum Tode, Kraft mit Vernunft und Ueberlegung vereint zum Leben. *Lao-tse.*

Der Weise ist nie vorschnell, weder in seinen Forschungen, noch in seinen Worten; er ist oft wie stumm, aber wenn er sich zum Handeln entschliesst und Tugend übt, dann thut er es Allen zuvor. *Kong-fu-tse.*

Der Weise hält unveränderlich die Mitte, der gemeine Mensch verletzt sie. *Kong-fu-tse.*

Seid einfach und rein und haltet immer die Mitte!
Kong-fu-tse.

In der höchsten Freude lehrt Mässigung die Vernunft, im Unglück aber edlen, männlichen Schmerz.
Kong-fu-tse.

Der achtungswürdige Mann stürzt sich nicht tollkühn in Lebensgefahr. *Kong-fu-tse.*

II.
Tugend. Tugendstreben. Tugendglück.

Die wahre Tugend besteht in der rechten Mitte; sie zu finden ist die grosse Aufgabe, aber wenige Menschen verbleiben darin. *Kong-fu-tse.*

Es ist nicht genug, die Tugend zu erkennen, du musst sie lieben, aber es ist auch nicht genug, sie zu lieben, du musst sie besitzen und üben. *Kong-fu-tse.*

Das Vergnügen lieben die Menschen mehr, als die Tugend. *Kong-fu-tse.*

Ich habe noch Keinen gesehen, der die Tugend so liebte, wie eine schöne Gestalt. *Kong-fu-tse.*

Richtet euer ganzes Gemüth auf den Weg der Tugend! Uebet stets die Tugend im Leben! Strebt nach Vollkommenheit! Versäumet nicht äusserliche Ausbildung!
Kong-fu-tse.

Die Tugend ist fein, wie ein Haar. Sie ist etwas Himmlisches, das weder Klang noch Geruch hat.
Kong-fu-tse.

Die Tugend zeigt sich im Grössten, wie im Kleinsten.
Kong-fu-tse.

Halte für gering kein Laster, um es zu begehen,
Keine Tugend für gering, um sie zu übersehen.
Kong-fu-tse.

Hast du ein rechtes Verlangen nach Tugend, so thue nie Böses. *Kong-fu-tse.*

Sünde ist Störung des Gleichgewichts im Weltall. Jede Unordnung im sittlichen Menschenleben verursacht eine ähnliche in der Natur. *Kong-fu-tse.*

Das natürliche Licht ist nichts als die beständige Uebereinstimmung unserer Seele mit den Gesetzen des Himmels. Die Menschen können dieses Licht nie ganz verlieren, aber weil das menschliche Herz unbeständig und schwankend ist, so wird es bisweilen von so vielen Wolken verhüllt, dass es scheint, als sei es ganz ausgelöscht. *Kong-fu-tse.*

Wer sich des Schlechten nicht schämt, und es nicht hasst, der ist kein Mensch. Scham und Hass gegenüber dem Schlechten ist der Anfang der Tugend.
Meng-tse.

Wer das Laster verachtet, ist ein tugendhafter Mensch. *Kong-fu-tse.*

Es führen verschiedene Wege zur Tugend, der Weise sollte sie kennen. *Kong-fu-tse.*

Wie traurig, dass der Weg der Tugend von so Wenigen begangen wird! *Kong-fu-tse.*

Des Himmels Gunst ist leicht nicht zu gewinnen,
Hoch zu erklimmen sind der Tugend Zinnen.
Kong-fu-tse.

Wer nach Vollendung in der Tugend strebt, muss unaufhörlich sich damit beschäftigen. *Kong-fu-tse.*

Wäre es mir nur möglich, Einen zu finden, der die Tugend um ihrer selbst willen erstrebte. *Kong-fu-tse.*

Vollkommene Tugend ist im Anfang schwer, nachher aber leicht zu erringen und belohnend.
Kong-fu-tse.

Wer Stärke des Entschlusses genug besitzt, auf dem Weg der Tugend immer vorwärts zu dringen, den sah ich nie sein Ziel verfehlen. *Kong-fu-tse.*

Nicht einen Augenblick lass dich von Trägheit oder Weichlichkeit übermannen. *Kong-fu-tse.*

Es ist schwer, vollkommener Tugend nachzustreben, aber im Tode erst damit innehalten, das ist: weit in ihr voran sein. *Kong-fu-tse.*

Der Weg, der zur Tugend führt, ist lang, aber es ist deine Pflicht, diese Bahn zu gehen. Entschuldige dich nicht, dass du nicht Kraft genug habest, dass Schwierigkeiten dich entmuthigen, und dass du am Ende gezwungen seist, mitten im Lauf stehen zu bleiben. Du weisst nichts; fang' an, betritt die Bahn, es ist ein Zeichen, dass du noch gar nicht angefangen hast, sonst würdest du nicht so reden. *Kong-fu-tse.*

Der achtungswürdige Mann verlässt die Tugend keinen Augenblick seines Lebens. In kleinen Unfällen wie bei grossem Missgeschick bleibt er ihr treu.
Kong-fu-tse.

Ein Mensch ohne Grundsatz kann in der Tugend nicht vorwärts kommen. *Kong-fu-tse.*

Ein grosser Mann bewahrt sich die Reinheit seines Kindersinnes. *Meng-tse.*

Wenn mich der Himmel mit einem reinen Herzen gewaffnet, was können die Feinde mir anhaben?
Kong-fu-tse.

Der Mann von hoher Gesinnung, der vollkommen Tugendhafte, begehrt nicht zu leben, wenn seine Tugend dadurch gefährdet wird. Mancher hat schon sein Leben geopfert, um seine Tugend zu vollenden. *Kong-fu-tse.*

Vollkommene Tugend und Menschlichkeit kann nur durch eifriges Nachdenken, feste Willenskraft, gründliches Forschen und tiefe Erkenntniss erlangt werden.

Kong-fu-tse.

Die Tugendhaften besitzen drei Kleinode, die sie als ihr höchstes Gut betrachten, die Liebe, die Genügsamkeit und die Demuth oder Bescheidenheit. *Lao-tse.*

Wer das Gute und Edle für sich allein nur pflegt, der ist zwar tugendhaft, wer es aber in seinem ganzen Hause, in seiner Familie pflegt, dessen Tugend steht höher.

Wer es pflegt und hegt in seiner ganzen Gemeinde, dessen Tugend hat schon einen grossartigen Charakter.

Wem es vergönnt ist, das Gute und Edle in der ganzen Provinz zu pflegen, dessen Tugend ist weithin segenspendend, und wer es pflegt und hegt im ganzen Reiche, dessen Tugend ist vollkommen. *Lao-tse.*

Wer Klugheit, Mässigung, Seelenstärke, Kunstfertigkeit im höchsten Maasse in sich vereinigt, und diese Eigenschaft mit der Wissenschaft des anständigen Benehmens und der Tonkunst ziert, der kann mit Recht vollkommen genannt werden.

Auch der kann dafür gelten, der, wenn ihm Gewinn vorschwebt, an Gerechtigkeit denkt, wenn er Gefahren sieht, sein Leben verachtet, und alten Verträgen sein Leben lang treu bleibt. *Kong-fu-tse.*

Nur der Gute weiss die rechte Wahl zu treffen, nur
er zu lieben oder zu hassen, oder was Vernunft und
Nothwendigkeit erfordern. *Kong-fu-tse.*

Weisheit lässt keinen Zweifel aufkommen, vollkommene Tugend keine Gemüthsunruhe, wahrer Muth keine Furcht. *Kong-fu-tse.*

Weisheit schafft Vergnügen, klar wie Wasser; vollkommene Tugend Glück, fest wie ein Berg; Weisheit durchdringt alle Dinge; Tugend ist ruhig und glücklich; Weisheit ist Wonne, Tugend ist langes Leben.
Kong-fu-tse.

Der edelgesinnte Mensch ist heiter, furchtlos und unbefangen, der niedrig Denkende ist engherzig, und lebt in steter Besorgniss. *Kong-fu-tse.*

Lob und Liebe dem Tugendhaften! Ruhm und Ehre seiner Tugend! Er gibt dem Volke, was des Volkes, den Menschen, was der Menschen ist. Der Himmel belohnt ihn, der Himmel verdoppelt seine Güter. *Kong-fu-tse.*

Sicher ist das Schwerste auf der Welt erreichbar, wenn das Herz der Menschheit sich zum Guten gewendet hat; das Grösste und Erhabenste der Welt wird sicher weniger durch Aussendinge, als durch Geisteskraft vollbracht. *Lao-tse.*

Wer es in der Tugend zur höchsten Vollkommenheit gebracht hat, der kann in die Zukunft sehen; er sieht Glück und Unglück, das kommen muss, voraus, und darin gleicht er einem reinen Geiste. *Kong-fu-tse.*

Wer sich für fertig in der Tugend hält, der erstickt sie; wer sich mit seinen guten Thaten brüstet, zerstört ihre Frucht. *Kong-fu-tse.*

Mein Wunsch ist, weder meine Tugenden zur Schau zu tragen, noch auf meine Thätigkeit stolz zu sein.
Kong-fu-tse.

Die höchste Tugend brüstet sich nicht mit Worten.
Kong-fu-tse.

Auch wenn wir noch so viel wissen, es bleibt immer etwas übrig, was wir nicht wissen; und wenn wir's noch so weit in der Tugend bringen, etwas fehlt uns noch immer. *Kong-fu-tse.*

Was wir Gutes gethan, gering schätzen, und immer nach Höherem trachten, das mehrt die Tugend; seine eignen Fehler bekämpfen, nicht die der Andern, das führt zur Besserung. *Kong-fu-tse.*

Fliehet Eitelkeit und Hochmuth! Wenn du auch alle Klugheit und Geschicklichkeit der Vorfahren hast, — hast du nicht Demuth, so hast du nichts, ja, du bist werth, verachtet zu werden. *Kon-fu-tse.*

III.

Selbsterkenntniss. Selbtbesserung. Selbstüberwindung.

Wer sich selbst nicht stets beobachtet, mit dem ist's vorbei. *Kong-fu-tse.*

Gib Acht auf deinen Wandel, damit du keine Ursache zur Reue habest! *Kong-fu-tse.*

Bemühe dich, deine Gedanken zu reinigen; sind deine Gedanken nicht böse, dann werden es auch deine Handlungen nicht sein. *Kong-fu-tse.*

Der grösste Weise, wenn er nicht immer auf sich Acht hat, kann ein Thor werden, und der grösste Thor, wenn er Acht auf sich hat, kann weise werden.
Kong-fu-tse.

Wer nicht gewissenhaft erforscht, was das wahre Gute sei, der kann nicht aufrichtig an seiner Besserung arbeiten, und gelangt nicht zur wahren Vollkommenheit.
Kong-fu-tse.

Ich prüfe mich täglich über drei Dinge: War ich im Verkehr mit andern Menschen redlich? Bewies ich mich treu im Umgang mit Freunden? Handelte ich nach den Vorschriften meines Lehrers? *Kong-fu-tse.*

Mitten in der Nacht erhebe ich mich, und denke ohne Unterlass nach, wie ich vor Fehlern mich hüte.
Kong-fu-tse.

Kehrt um, liebe Kinder! Ihr seid rasch und unbedachtsam. Obgleich wohl unterrichtet, wisst ihr doch die Grenze zwischen dem Bösen und Guten noch nicht mit Schärfe zu bestimmen. *Kong-fu-tse.*

Die Meisten sind vom Wahn verblendet. *Lao-tse.*

Alles, was du thust, vergiss es nicht,
Du thust es vor des Himmels Angesicht.
Kong-fu-tse.

Ob du wachest, ob du ruhest,
Denke stets, dass du allein nicht lebest,
Was du lassest oder thuest,
Nie vergiss, dass du ein Beispiel gebest.
Kong-fu-tse.

Hast du eine Pflicht überschritten, so scheue nicht den Rückweg. *Kong-fu-tse.*

Sündigen und nicht bereuen ist die eigentliche Sünde.
Kong-fu-tse.

Der Weise erröthet über seine Fehler, aber er schämt sich nicht, sie zu verbessern. *Kong-fu-tse.*

Wer über einen unwillkürlichen Fehler nicht erröthet, begeht einen neuen. *Kong-fu-tse.*

Wer erröthen kann, der ist auf dem Weg zur Tugend.
Kong-fu-tse.

Der gute Mensch sündigt bisweilen, — Schwäche ist unsre Natur, aber er soll so eifrig über sich wachen, dass er nicht zweimal in die nämliche Schuld fällt.
Kong-fu-tse.

Gedenke immer, dass du ein Mensch bist, und des Menschen Natur schwach, dass du leicht fallen kannst, und nie fallen solltest! Hast du aber vergessen, was du bist, und bist du gefallen, dann verliere den Muth nicht, gedenke, dass du dich wieder aufraffen kannst, dass es in deiner Macht steht, die Bande zu brechen, die dich fesseln, und die Hindernisse hinweg zu räumen, die dich hindern, den Pfad der Tugend zu gehen. *Kong-fu-tse.*

Strenger Tadel wird oft mit Beifall aufgenommen, aber bis zur Sinnesänderung ist noch ein schwerer Schritt; freundliche Rüge kann Gutes wirken, aber sich völlig dadurch überzeugen lassen, ist nicht leicht.
Kong-fu-tse.

Wer seinem früheren Wandel entsagend zu mir kommt, den erkläre ich für neugeboren. *Kong-fu-tse.*

Für die Tugend gibt es kein einzelnes bestimmtes Muster, wer aber das Gute thut, kann als Muster dienen.
Kong-fu-tse.

Ahme die Weisen nach und lass dich nicht entmuthigen, wie schwer es dir auch falle; erreichst du dein Ziel, dann wird die Freude, die du empfinden wirst, all deine Mühen aufwiegen. *Kong-fu-tse.*

Die Bewunderung der Tugend ohne Nachahmung ist unverdienstlich. *Kong-fu-tse.*

Lerne und übe dich stets, denn das gewährt Freude,
Kong-fu-tse.

Die Augen der Menschen kannst du täuschen, aber den Himmel nicht, seine Augen sind zu klar und durchdringend. *Kong-fu-tse.*

Der niedrige Mensch sucht seine Fehler zu beschönigen. *Kong-fu-tse.*

Wie kann der Sklave seiner Begierden einen grossen Geist besitzen? *Kong-fu-tse.*

Wer frühzeitig des Himmels Geboten folgt, seine Leidenschaften zügelt, der wird mehr und mehr in der Tugend erstarken, und wer dies thut, der vermag Alles. Da ist nichts, was sich ihm nicht beugte, für ihn gibt's keine Grenzen, keine Schranken, für ihn nichts Unerreichbares. *Lao tse.*

Denkt darauf, eure Einfachheit, eure Sittenreinheit, eure Aufrichtigkeit und Geradheit euch zu bewahren; verringert eure Selbstsucht, beherrscht eure Begierden.
Lao-tse.

Wer sich den ganzen Tag mit Speise füllt, seinen Geist aber mit nichts nährt, wehe dem! *Kong-fu-tse.*

Seid aufrichtig, reinigt euer Herz, und jaget nicht nach üppigem Vergnügen! *Kong-fu-tse.*

Zu tolles Reiten, Laufen, Jagen und dergleichen übertriebene Neigungen berauschen und verwildern das Herz des Menschen. Die Sucht nach schwer zu erwerbenden Kostbarkeiten, die Habsucht, Ehrsucht, Prunksucht machen die Handlungen des Menschen unfrei. Daher sorgt der Weise dafür, dass seine sinnlichen Vorstellungen geläutert seien, dass er sich fern halte von Sinnenlust, betäubenden Vergnügungen und Begierden, damit sein Blick klar, seine Gefühle rein, sein Urtheil ein freies sei.
Kong-fu-tse.

Der Weise sucht die Ursache seiner Fehler in sich selbst; der Thörichte in allem Andern, nur nicht in sich.
Kong-fu-tse.

Bekämpfe Nacht und Tag deine Fehler, und hast du durch Wachen und Mühen den Sieg über dich selbst errungen, dann greife muthig die Fehler Anderer an, aber nicht vorher; es ist nichts lächerlicher, als des Andern Fehler zu beklagen, während wir selbst noch die nämlichen haben.
Kong-fu-tse.

Sich selbst besiegen, und zum rechten Gebrauch der Vernunft zurückkehren, das führt zur Vollkommenheit. Der Mensch überwinde nur einen Tag sich selbst und handle der Vernunft gemäss, bald wird die Welt seinem Beispiel folgen. *Kong-fu-tse.*

Der geistig Ruhige und Gelassene ist Herr seiner selbst, nicht so der leidenschaftlich Erregte. *Lao-tse.*

Wer Andere besiegt, hat Heldenkraft, wer sich selbst besiegt, hat Seelenstärke. *Lao-tse.*

Im Wissen gleiche ich andern Menschen, aber die Selbstbeherrschung habe ich noch nicht erlangt.
Kong-fu-tse.

Unschuld hört auf Tugend zu sein, — die meisten der Grossen sind von ihr abgefallen. Fragst du, was wir thun müssen, sie wieder zu erlangen, so antworte ich: bezwinge dich selbst! Wenn alle Sterblichen an einem Tage diesen glücklichen Sieg über sich selbst gewännen, die ganze Welt nähme an diesem Tag eine neue Gestalt an, wir wären Alle vollkommen, wir wären Alle unschuldig. Es ist wahr, dieser Sieg ist schwer, aber er ist nicht unmöglich, denn um dich selbst zu überwinden, hast du nichts zu thun, als der Vernunft zu folgen. Siehe zu, wie du es vermagst, der Sieg hängt nur von dir selbst ab.
Kong-fu-tse.

Vor Allem und mit aller geistigen Kraft muss man darnach streben, dass das reinere und bessere geistige Selbst, Vernunft und Willenskraft, das weniger gute und weniger reine Begehren so in seine Gewalt bekomme, dass das Selbst ein einiges, harmonisches, untheilbares Ganze werde.

Man muss mit aller Anstrengung, Aufmerksamkeit und Besonnenheit, mit Aufbietung aller moralischen Kraft die höchste Feinheit und Reinheit zu gewinnen suchen, so dass die Seele so klar und rein werde, wie die eines neugebornen Kindes. *Lao-tse.*

Durch Rührigkeit ist man im Stande, sich vor der äussersten Armuth zu schützen, durch Ruhe überwindet man die gewöhnlichen und alltäglichen Vorkommnisse des Lebens, aber Geistesreinheit, verbunden mit Geistesklarheit gehört dazu, um in der Welt das Rechte, das Gute, Schöne, Wahre und Vollendete zu erkennen, demgemäss zu handeln, und so ein Muster von Menschenwürde zu sein. *Lao-tse.*

Wenn Einer im vierzigsten Jahre noch Fehler hat, wird er gewiss sie nicht mehr ablegen. *Kong-fu-tse.*

IV.

Religiöse Gebräuche.

Es ist genug, dass der Weise Reinheit des Herzens besitze, was sollen die Gebräuche? *Kong-fu-tse.*

Zu viele Gebräuche und Ceremonieen bringen Verwirrung. *Kong-fu-tse.*

Wenn das Gemüth beim Gottesdienst nicht angeregt wird, so ist es, als ob wir nicht anbeteten.
Kong-fu-tse.

V.

Die Wege des Schicksals. Selbstverschuldet Unglück. Äusseres Glück und seine Gefahren. Wahres Glück und Zufriedenheit.

O, wie furchtbar und erhaben schreitet
Das Gericht des höhsten Himmelsherrn,
Ueber'm Kreis der Welten, und verbreitet
Wo es auftritt, Schrecken nah und fern.
Herrlich hebt, als wie ein Stern
Hier sich auf sein Winken
Ein Geschlecht, um hoch zu blinken,
Und dann plötzlich, wie ein Stern, zu sinken.
Kong-fu-tse.

Wird nicht der in Ueppigkeit und Wohlleben Schwelgende verloren sein, und der Arme und Dürftige gerettet werden? *Lao-tse.*

Dem Unglück, das du dir selbst zuziehst durch eigene Schuld, kannst du nicht entfliehen. *Kong-fu-tse.*

Wir sind nur besser, als die Schlechten,
Doch ist nicht Einer, was er soll,
Und Keiner darf mit seinem Unglück rechten.
Kong-fu-tse.

Wer das Gesetz der Natur befolgt, ist glücklich; wer es verletzt, ist unglücklich. *Kong-fu-tse.*

Nicht den leichtsten Fehler kanust du hegen,
Der mit schwerem Schaden dich verschone,
Doch auch nicht die kleinste Tugend pflegen,
Die sich dir nicht zwiefach lohne. *Kong-fu-tse.*

Ueber das Unglück, das uns der Himmel sendet, können wir uns hinwegsetzen, nicht aber über das, was unsre eignen Leidenschaften uns zugezogen.
Kong-fu-tse.

Die fünf Glückseligkeiten sind: langes Leben, Reichthum, Zufriedenheit, Liebe zur Tugend, und ein glücklicher Tod nach einem langen Leben.
Die sechs Uebel sind: kurzes und lasterhaftes Leben, Krankheit, Kummer, Armuth, Grausamkeit, Schwachheit, und Knechtschaft. *Kong-fu-tse.*

Drei Arten Vergnügen sind nützlich, drei schädlich. Nützlich ist das Vergnügen an weiser Ausübung der Pflichten, und an der Tonkunst, — das Vergnügen, von andern Menschen Gutes zu sagen, — das Vergnügen, mit vielen Weisen Freundschaft zu pflegen. Schädlich ist das Vergnügen an eitelm Hochmuth, an Müssiggang, läppischem Wesen, und das Vergnügen an Ueppigkeit und Wollust. *Kong-fu-tse.*

Nur dem Nutzen, dem materiellen Vortheil leben, das freilich gewährt keine Aussicht auf Glückseligkeit, sondern wer seinen Geist ausbildet, wer moralisch kräftig, wer an Gesinnung rein und tüchtig ist, der ist vor Andern ausgezeichnet. *Lao-tse.*

Der achtungswürdige Mann sieht auf Tugend, der Niedrigdenkende auf Reichthümer; der Erstere folgt den Vorschriften des Gesetzes, der Letztere seinem Vortheil.
Kong-fu-tse.

Warum wollt ihr nicht durch die Pforte der Tugend zur Glückseligkeit? *Kong-fu-tse.*

Der Weise sammelt nicht weltliche Schätze, sondern geistige, unvergängliche. *Lao-tse.*

Reisst euch los von diesem blos auf Erwerb gerichteten Schaffen, entsagt eurem Eigennutz, und die Diebe und Räuber werden schwinden. *Lao-tse.*

Die Menge hat nur Freude am Sinnlichen, ergötzt sich nur am Alltäglichen, kennt nur das Gewöhnliche, das Gemeine. *Lao-tse.*

Müssen nicht Alle den Selbstsüchtigen, Hoffärtigen, Stolzen, Uebermüthigen hassen und verabscheuen?
Lao-tse.

Wer sich über Andere erhebt, wer stolz und übermüthig ist, wird nie gerade und vortrefflich handeln.
Kong-fu-tse.

Reichthum und Ehre sind gut, der Wunsch, sie zu besitzen ist allen Menschen natürlich, aber wenn diese Dinge nicht mit der Tugend bestehen können, dann muss der Weise sie verachten, und starken Sinnes darauf verzichten. *Kong-fu-tse.*

Wer bei äusserem Glanz, Macht, Ehren und Glücksgütern stolz und übermüthig wird, der trägt selbst die Schuld, wenn er des so Wandelbaren verlustig geht. Wer dagegen durch wahres und vollkommenes Verdienst seinen guten Ruf begründet hat, und dann sein Selbst doch bescheiden zurückstellt, der handelt wie ein Weiser.
Lao-tse.

Ohne Tugend sind Ehre und Reichthum gleich vorüberziehenden Wolken. *Kong-fu-tse.*

Wie kann man zu wahrer Glückseligkeit gelangen ohne tugendhafte Grundsätze? *Kong-fu-tse.*

Die Folgen der Fehler und Sünden, die wir beim gierigen Erwerb irdischer Güter nur zu leicht begehen, sind weit schlimmer für unser Seelenheil, als der Verlust unsrer gesammelten Schätze.

Wer aber versteht, sich genügen zu lassen, der wird nicht in Unruhe und Schande verfallen; wer in allen Dingen mässig zu sein versteht, unterliegt der Versuchung nicht, er wird zwar nicht irdische Güter, aber er wird dafür das ewige Leben erwerben. *Lao-tse.*

Gibt es ein grösseres Unglück, als sich nicht genügen zu lassen, gibt es ein grösseres Laster, als die Habsucht? *Lao-tse.*

Wer es versteht, sich genügen zu lassen, ist reich.
Lao-tse.

Wer das mit Klugheit Erworbene nicht mit Tugend schützen kann, der wird es gewiss wieder verlieren.
Kong-fu-tse.

Die Wohlfahrt des Menschen ist unzertrennlich mit seiner Tugend verknüpft. Das Wohl der Lasterhaften erhält blos ihr gutes Glück. *Kong-fu-tse.*

Der Tugendhafte findet seine Glückseligkeit nur im Besitz der Tugend, und seine Weisheit steht ihr hülfreich zur Seite. *Kong-fu-tse.*

Wenn die Tugend rein und ungetrübt ist, dann ist man glücklich in Allem, was man unternimmt; aber ist sie getrübt, dann ist man unglücklich. *Kong-fu-tse.*

Der Weise bekümmert sich um das Tugendgesetz, nicht um seinen Lebensunterhalt. Ackerbau schützt nicht vor Hunger, aber wahre Erkenntniss macht glücklich. Den Weisen kümmert nur, wenn er nicht dem Tugendgesetz gemäss leben kann, ihn kümmert nicht die Armuth.
Kong-fu-tse.

Was nie dem schmutzigen Reichthum beschieden,
Die reine Armuth ist immer zufrieden.
Kong-fu-tse.

Es ist sehr schwer, wenn man arm ist, die Armuth nicht zu hassen; aber es ist möglich, reich zu sein ohne Hochmuth. *Kong-fu-tse.*

Ist es wohl denkbar, dass der Arme kein Schmeichler, der Reiche nicht hochmüthig sei? Allerdings; der Arme kann Zufriedenheit, der Reiche wahre Menschenfreundlichkeit besitzen. *Kong-fu-tse.*

Goldnes Kleid, du brauchst dich nicht zu schämen,
Rath von Lumpen anzunehmen. *Kong-fu-tse.*

Wenn Rathschläge gut sind, brauchen wir uns nicht daran zu stossen, woher sie kommen. *Kong-fu-tse.*

Der Weise schämt sich nicht, selbst von Denen zu lernen, die dem Range nach tief unter ihm stehen.
Kong-fu-tse.

Der Weise bleibt aufrecht in der Dürftigkeit, der gemeine Mensch unterliegt. *Kong-fu-tse.*

Rechtschaffen bleiben trotz aller Entbehrungen kann nur der Weise. *Meng-tse.*

Mein Dach ist nur gedeckt mit Rohr,
Doch wohn' ich froh darin,
Ob niedrig, kommt's doch hoch mir vor,
Weil hoch nicht steht mein Sinn. *Kong-fu-tse.*

Groben Reis zur Speise, Wasser zum Trank, den gekrümmten Arm zum Polster, — auch in dieser Lage können wir glücklich sein. *Kong-fu-tse.*

Nie und in keiner Lage ist der Weise mit seinem Zustand unzufrieden. Er arbeitet an seiner Veredlung, und erwartet nichts von den Andern. Er zürnt nicht dem Himmel über ihm, er lässt sich nicht ausser Fassung bringen durch Menschen. *Kong-fu-tse.*

Der Weise muss soviel Religion besitzen, dass ihn kein Schicksal niederschlägt, soviel geübte Klugheit, dass er sich immer zurecht findet, soviel Muth, dass er nichts fürchtet. *Kong-fu-tse.*

Der Weise allein ist immer heiter; die Tugend gibt seinem Geist Ruhe, nichts stört ihn, nichts beunruhigt ihn, weil er die Tugend nicht um des Lohnes willen übt. Die Tugend zu üben ist die einzige Belohnung, die er verlangt. *Kong-fu-tse.*

Der tugendhafte Weise hat der Freuden unzählige, denn die Tugend hat ihre Wonnen mitten in den Bedrängnissen, die sie umgeben. *Kong-fu-tse.*

Der Weise trägt das Elend der Welt, und heisst doch ein König der ganzen Welt. *Lao-tse.*

VI.

Mann und Weib. Familienleben. Erziehung. Eltern-Liebe und -Verehrung.

Ein treues Weib, wie Kummer auch das Herz ihr presst,
Doch ihren Gatten nie verlässt,
In Sorgen und Beschwerden
Ist sie bemüht sich freundlich zu geberden.
Kong-fu-tse.

Wenn gestrauchelt ist ein Mann,
Mag er wieder sich erheben,
Dem gefall'nen Weibe kann
Nichts die Reinheit wieder geben.
Kong-fu-tse.

Sorge, dass auch in deinem Hause nichts sei, worüber du erröthen musst! *Kong-fu-tse.*

Glücklich und selig sind die Gatten und die Kinder, die sich lieben, und unter sich eins sind, glücklich und selig die Brüder, wenn sie in Eintracht leben! Die gute Ordnung in deiner Familie erzeugt das Glück deiner Gattin und Kinder. *Kong-fu-tse.*

Bei der Erziehung eines Kindes hängt Alles vom rechten Anfang ab. *Kong-fu-tse.*

Der Jüngling befleisse sich im elterlichen Hause kindlicher Ehrfurcht, ausser demselben brüderlicher Achtung; er sei klug und bieder, voll parteiloser Menschenliebe, vertraut mit allem Guten. Jede Erholungsstunde sei der Wissenschaft geweiht! *Kong-fu-tse.*

Jedes Hausthier macht Anspruch auf Ernährung: was wäre der Unterschied, wenn wir blos für die **Erhaltung** unsrer Eltern sorgen wollten, ohne Liebe und Ehrfurcht? *Kong-fu-tse.*

Wer seinen Eltern nicht gehorcht, kann nicht ihr Sohn genannt werden. *Meng-tse.*

Ein Kind ist verpflichtet, seinem Vater zu dienen und zu gehorchen. *Kong-fu-tse.*

Ein Kind soll sich immer hüten, etwas zu thun, was seinem Vater missfällt; diese Furcht soll es immer durchdringen, auf dass es in Allem, was es unternimmt, so handle, dass es ihn nicht kränke noch beleidige.
Kong-fu-tse.

Der rechtschaffene Mann bildet sich zuerst feste Grundsätze: nur auf diese gründen sich wahre kindliche Liebe und brüderliche Achtung, die Quellen aller Tugenden.
Kong-fu-tse.

Die Liebe zur Menschheit, sie macht uns zu Menschen, die Liebe der Eltern steht obenan. *Kong fu tse.*

Glücklich die Eltern, welche die Liebe ihrer Kinder geniessen! *Kong-fu-tse.*

Deinen Eltern widersprich nicht, wenn sie dir nicht beistimmen, murre nicht, wenn sie dir hart begegnen.
Kong-fu-tse.

Kräfte und Stärke fehlen dem Alter, aber dafür besitzt es Aufrichtigkeit und Klugheit. *Kong-fu-tse.*

Kein guter Mensch verlässt seine Eltern.
Meng-tse.

Wenn Vater und Mutter noch leben, entferne dich nicht zu weit von ihnen, und entfernst du dich, so lass sie wissen, wo du bist. *Kong-fu-tse.*

Wenn die Eltern leben, diene ihnen nach dem Gesetz, sind sie todt, begehe ihre Leichenfeier nach dem Gesetz, und nachher halte ihr Andenken in Ehren nach dem Gesetz. *Kong-fu-tse.*

So lange dein Vater lebt, erzeige ihm kindliche Liebe; ist er todt, so nimm seinen Wandel zum Muster!
Kong-fu-tse.

VII.

Der Staat und seine sittlichen Grundlagen.

Bürger- und Herrscher-Pflichten.

In einem guten Staate müssen Alle den Gesetzen der Vernunft folgen, und Jeder das haben, was er bedarf.
Kong-fu-tse.

Wo Tugend herrscht, herrscht Friede; wo diese fehlt, ist Alles in Unordnung. *Kong-fu-tse.*

Die Tugend ist die Grundlage der Herrschaft.
Kong-fu-tse.

Ehrfurcht des Himmels ist der Herrschaft Stütze.
Meng-tse.

Der Gute verlässt sich nur auf seine Tugend, der Schlechte nur auf seine Reichthümer. Der Erste denkt nur an das Wohl und Heil des Staates, der letztere an seinen eigenen Vortheil. *Kong-fu-tse.*

Wenn Hohe und Niedere nur auf ihren Vortheil bedacht sind, geht das Vaterland zu Grunde. *Meng-tse.*

Klage nicht, dass du nicht zu Macht und öffentlichen Ehren emporgekommen, sei vielmehr darüber betrübt, dass du vielleicht nicht mit denjenigen Tugenden geschmückt bist, die dich dazu würdig machten.
Kong-fu-tse.

Staatsämter dürfen nicht Denen gegeben werden, die ihren Leidenschaften folgen, sondern den Fähigen; Ehrenauszeichnungen nicht den Schlechten, sondern den Weisen. *Kong-fu-tse.*

Zu Dienern des Staates nehmt keine Heuchler, Schmeichler, Betrüger, Schwätzer, sondern nur weise Männer. *Kong-fu-tse.*

Lieber Armuth und Verbannung, als die höchsten Ehrenstellen im Staat, wenn ein schlechter Mensch sie dir anbietet und dich zwingen wollte, sie anzunehmen.
Kong-fu-tse.

Wenn es sich um das Wohl deines Vaterlandes handelt, steh' nicht müssig und besinne dich lange, sondern gib dich hin zu seiner Verfügung. *Kong-fu-tse.*

Wehe dem, der hartnäckig dem öffentlichen Leben entsagt. *Kong-fu-tse.*

Entziehst du deinen Dienst dem Staat,
So ist's am Vaterland Verrath. *Kong-fu-tse.*

Wer seinen Edelstein verbirgt, während das Vaterland in Zerrüttung ist, kann der tugendhaft heissen?
Kong-fu-tse.

Wie schrumpft das Reich nun immer schmäler,
  Indess die Grenzen rückwärts gehn,
Und rings nach Raub in unsre Thäler
  Barbaren von den Bergen sehn.
Kann Keiner retten, Keiner halten?
Noch leben Männer gleich den Alten,
  — Der Feigen Neid lässt's nicht geschehn.
Kong-fu-tse.

Ein fester, entschlossener Charakter, mit Menschenfreundlichkeit gepaart, ist die Haupteigenschaft eines Staatsmannes. *Kong-fu-tse.*

Die Letzten werden die Ersten, der Weise gelangt an das Ziel. *Kong-fu-tse.*

Wer Kräfte dazu hat, der regiere, wem die Kraft gebricht, der trete zurück. Er schwebt in Gefahr, und weiss sich nicht zu halten; er stürzt jählings hinab und findet keine Stütze. *Kong-fu-tse.*

Mit Gerechtigkeit und Geradheit wird ein Land am besten regiert. *Lao-tse.*

Gerecht herrschen ist gleich dem Nordstern, der feststeht, und den die andern umkreisen. *Kong-fu-tse.*

Ein weiser Fürst wird nur nach der Regel und dem Gesetz regieren, und dieses weder beschneiden noch daran rütteln; er wird mässig sein, frei von Begierden und rein, gerecht und rechtschaffen, zu Niemands Schaden und Verderben, er wird mit Geradheit und Aufrichtigkeit regieren, und nie nach seiner Willkür handeln.
Lao-tse.

Regieren heisst: Recht ausüben. Bist du selbst Vorbild der Rechtschaffenheit, wer wird dann wagen, nicht rechtschaffen zu sein? *Kong-fu-tse.*

Regierst du ein grosses Land, so widme dich mit Eifer den Geschäften des Staates, und sei gewissenhaft, übe weise Sparsamkeit, liebe die Menschen, und bediene dich ihrer zur rechten Zeit. *Kong-fu-tse.*

Ein weiser Regent sagt: ich werde den Geist, das Gemüth der Menschen zum Gegenstand meiner Bearbeitung machen, ich werde die Liebe zur Geistesreinheit, Geistesklarheit und Gemüthsruhe im meinem Lande erwecken, — und dann wird das Volk von selbst an seiner Besserung arbeiten, von selbst gut und brav, und wird in jeder Weise für sich selbst sorgen können. *Lao-tse.*

Wer mit Hilfe des Ewigen die Menschen beherrschen will, braucht keine Armeen, um das Reich zu bewältigen. Seine Sache ist Friedenswerk; die Liebe, der gütliche Vergleich, seine Lehren sind es, mit denen er entstandene Zwistigkeiten schlichtet. *Lao-tse.*

Nur mit Liebe ist ein Volk zu leiten. *Meng-tse.*

Wenn der rechte Mann regiert, kann schon nach dreissig Jahren die allgemeine Menschenliebe herrschen.
Kong-fu-tse.

Wären die Menschen, wie sie sein sollten, dann würde man die Pferde nur für den Ackerbau ziehen; so aber zieht man Kriegspferde zur Verwendung in Feindesland. *Lao-tse.*

Je mehr Waffen ein Volk hat, je händelsüchtiger und ränkevoller werden die kleinen Fürsten. *Lao-tse.*

Der Weise überwältigt den Feind, aber er gibt sich keiner übermüthigen Freude ob seines Sieges hin; eine solche Freude kann wohl nur der Rohe haben, den das Tödten von Menschen ergötzt. Solche aber, denen das Tödten von Menschen Ergötzen verschafft, sollten wahrhaftig im Reiche nicht geduldet werden. *Lao-tse.*

Auf grosse und langwierige Kriege müssen nothwendig Jahre des Unheils und Elends folgen. *Lao-tse.*

Kriege entstehen oft aus einem einzigen Worte.
Kong-fu-tse.

Ein guter Fürst hat keine Feinde. *Meng-tse.*

Wenn der Fürst menschlich ist, wird Niemand unmenschlich sein; wenn der Fürst gerecht ist, wird Niemand ungerecht sein. *Meng-tse.*

Wenn ihr Recht sprechet, denket nicht an euern eigenen Vortheil. Die Reichthümer, die ihr so erwerbet, sind kein Schatz, sondern ein Haufen Verbrechen, die euch beständig Unglück drohen. *Kong-fu-tse.*

Ein mildthätiger Fürst gewinnt die Herzen Aller; einem gewissenhaften vertraut das Volk; ein thätiger bringt sein Volk zur Vollendung; eines gerechten Fürsten freut man sich. *Kong-fu-tse.*

Beherrsche deine Unterthanen mit Sanftmuth, regiere sie mit Vernunft und Billigkeit, dann wird der Lasterhafte sich beschämt fühlen und zur Tugend zurückkehren. *Kong-fu-tse.*

Lenke das Volk durch eine gerechte Regierung zur Tugend; regiere, wenn es nöthig ist, selbst mit strafender Hand; bewahre das Volk vor Schande. *Kong-fu-tse.*

Leicht sei die Strafe für zweifelhafte Vergehen, aber gross der Lohn für einen erwiesenen Dienst, selbst wenn er zweifelhaft ist. *Kong-fu-tse.*

Die Strafe treffe nicht die Kinder der Väter, aber die Belohnung gehe über auf die Nachkommen.
Kong-fu-tse.

Die Fehler der Eltern dürfen nicht ihren Kindern angerechnet werden. Ist ein Sohn von niedrer Herkunft, so ist seine Herkunft kein Verbrechen für ihn, er soll zu grossen Diensten berufen werden, so gut wie die Söhne der Vornehmen, wenn er die nöthigen Eigenschaften hat. *Kong-fu-tse.*

Vermag der Fürst nichts über sich selbst, wie kann er die Menschen zum Guten heranbilden? *Kong-fu-tse.*

Wenn ein schlechter Mensch auf dem Thron sitzt, verbreitet sich das Schlechte im Volke. *Meng-tse.*

Muss nicht der Regent, der nicht mit Geradheit, Gerechtigkeit und Schlichtheit regiert, die biedern, geraden und schlichten Naturen verderben, so dass sie Abenteurer werden, — müssen nicht die Edlen und Guten zur Schlauheit und zur kriechenden Schmeichelei verführt werden? *Lao-tse.*

Ist ein Fürst leichtsinnig, so verdirbt er seine Unterthanen, ist er leidenschaftlich, so geht er selbst zu Grunde. *Lao-tse.*

Wo die Regierung einfach und selbstgenügsam, da ist das Volk stark, wohlhabend und glücklich; aber wo die Regierung übertrieben prunkend und glänzend, stolz und luxuriös, da leidet das Volk an Allem.

Lao-tse.

Der Fürst strebe nur nach dem, was dem Volke von Nutzen ist. Er belaste nur die, welche die Lasten tragen können; wer wird ihn dann hassen? Er eifere nach Menschlichkeit, dann bleibt er fern von Habsucht. Er kümmere sich nicht um die Grösse oder Kleinheit seines Landes, sehe nicht auf hohe oder niedere Abkunft, verachte Niemand, dann ist er hochgesinnt ohne hochmüthig zu sein. *Kong-fu-tse.*

Wer seine Höhe behaupten will über dem Volke, der darf dieses keinen Druck von oben fühlen lassen, der darf es nicht kränken und knechten, sondern muss ihm wohlthun in jeder Weise. *Lao-tse.*

Ein Fürst soll die Armen und Unglücklichen wie seine eigenen Kinder behandeln. *Kong-fu-tse.*

Selbst die schwächsten Menschen, Männer wie Frauen, können etwas Gutes thun; der Fürst, der sie missachtet, verletzt seine Pflichten. *Kong-fu-tse.*

Die Grossen haben kein Herz für's Volk.
Kong-fu-tse.

Liebet das Volk ihr Fürsten, verachtet es nicht, es ist der Grund des Staates. Wenn dieser Grund fest, dann hat das Reich Frieden. *Kong-fu-tse.*

Weise Fürsten und Könige nennen sich selbst in bescheidener Weise „Unvollkommene," „Männer von geringem, nicht eigenem Verdienst," weil sie eingedenk sind, dass sie aus der Mitte des Volkes, wie die Blüthe aus der Wurzel entsprossen sind.

Nur sehr wenige von ihnen erreichen im vollen Sinne des Wortes das Ideal, dem sie zustreben sollen, denn man darf nicht alle Steine, die aussehen wie der Jaspis, für solche halten, so wenig als alle, die ihm nicht gleichen, für gewöhnliche Feldsteine. *Lao-tse.*

Höret die Stimme des Volkes und folget nicht euren eigensüchtigen Neigungen! *Kong-fu-tse.*

Wachet über euch selbst, und hört nicht auf, euch zu verbessern! *Kong-fu-tse.*

Gebt Euch nicht verbotenen Vergnügungen hin!
Kong-fu-tse.

Der weisen Fürsten Losungswort ist: Licht, aber nicht Glanz. *Lao-tse.*

Zu üppige Frauenliebe, zu grosse Lust an Jagden, zu starke Leidenschaft für Wein, für schlechte Musik, für prächtige Paläste und bemalte Mauern sind sechs Fehler, deren jeder einen Fürsten zu Grund richtet.
Kong-fu-tse.

Wer einen Fürsten wahrhaft liebt, sollte der ihn nicht streng ermahnen? wer ihm treu dient, sollte der ihn auch nicht tadeln dürfen? *Kong-fu-tse.*

Fehlt der Fürst, so macht ihn darauf aufmerksam; es wäre Unrecht, wenn ihr ins Gesicht ihn lobtet, und hinter seinem Rücken anders sprächet. *Kong-fu-tse.*

Erleichterung das Volk begehrt,
Man hat es lang genug beschwert.
Kong-fu-tse.

Weil die hohen Beamten üppig leben wollen, so wird das Volk durch ungeheure Steuern und Abgaben gedrückt, und deshalb muss es hungern. *Lao-tse*

Je mehr das freie Wort und die Handlungen der Menschen im Staat durch Verbote beschränkt sind, desto mehr verarmt das Volk. *Lao-tse.*

Je mehr Verbote und Verordnungen, desto grösser die Anzahl der Diebstähle. *Lao-tse.*

Wenn das Volk gedrückt und zum Aeussersten getrieben wird, verliert der Herrscher für immer das Glück, das der Himmel ihm gewährt hat. *Kong-fu-tse.*

Ein Fürst, der täglich nach Tugend strebt, gewinnt das Herz des Volkes; der Hochmüthige aber, der voll von sich selber ist, wird selbst von der eigenen Familie verlassen. *Kong-fu-tse.*

Wer des Volkes Liebe verscherzt, verliert seinen Thron. *Meng-tse.*

Ein Diener des Staates soll nie seinem Fürsten in seinen Ueberschreitungen und seiner Ungerechtigkeit unterstützen; lieber entsage er seinem Dienst, als dass er ihn durch niedrige und verbrecherische Handlungen beschmutze. *Kong-fu-tse.*

Verlasse bereitwillig das Vaterland, wenn die Tugend dort zu Boden getreten, und das Laster ermuthigt wird. Wenn du aber nicht entschlossen bist, die verkehrten Grundsätze Deines Zeitalters in Deinem selbstgewählten Exil aufzugeben, wozu dann Dein beklagenswerthes Vaterland verlassen? *Kong-fu-tse.*

Unwandelbar feststehen, wenn das Land ohne Gesetze und Tugend ist, das ist die Seelengrösse des Weisen. *Kong-fu-tse.*

VIII.

Menschenkenntniss. Menschliches Zusammenleben. Treue und Aufrichtigkeit.

Um einen Menschen zu kennen, braucht es langer Erfahrung. *Kong-fu-tse.*

———

Siehe zu, woher der Menschen Handlungen kommen? *Kong-fu-tse.*

———

Urtheilt nicht zu schnell; vergewissert euch erst, ob ihr recht habt. *Kong-fu-tse.*

———

Befleissige dich der Menschenkenntniss und allgemeiner Menschenliebe! *Kong-fu-tse.*

———

Nur wer aus Grundsatz tugendhaft ist, kann den Werth anderer Menschen richtig beurtheilen. *Kong-fu-tse.*

———

Wen die grosse Menge hasst, der verdient geprüft zu werden, wen sie liebt, der verdient es nicht minder. *Kong-fu-tse.*

———

Gräme dich nicht, wenn du den Menschen unbekannt bist, vielmehr, wenn du sie nicht kennst. *Kong-fu-tse.*

———

Den Weisen betrübt es, wenn sein Leben dahin schwindet, ohne dass sein Name in das wahre Licht tritt.
Kong-fu-tse.

Die Liebe oder der Hass des Volkes dürfen nicht die einzige Richtschnur deiner Liebe und deines Hasses sein; prüfe vielmehr, ob es Recht hat? *Kong-fu-tse.*

Haltet fern von euch, die schlechte Sitten haben!
Kong-fu-tse.

An den Fehltritten des Menschen hat seine Gesellschaft den grössten Antheil. *Kong-fu-tse.*

Nie schliesse Freundschaft mit einem, der nicht besser ist, als du selber. *Kong-fu-tse.*

Wo du auch lebest, verkehre mit den Weisen, gehe um mit den Besten. *Kong-fu-tse.*

Durch das Zusammenleben werden die Menschen erleuchtet und gebildet, aufgeklärt; der alleinstehende Mensch bleibt in Finsterniss. *Lao-tse.*

Wie lieblich sichs füget, wie schön es ergeht,
Wo Schönes mit Edlem sich findet und bindet.
Kong-fu-tse.

Der Weise ist streng, aber nicht zurückstossend, gesellig, aber ohne sich gemein zu machen.
Kong-fu-tse.

Der Weise ist hochgesinnt, ohne Hochmuth, der gemeine Mensch ist hochmüthig ohne Seelengrösse.
Kong-fu-tse.

Wer Ruhm in seinen Kleidern sucht und nicht die Einfachheit liebt, der taugt nicht zum Forschen nach Weisheit; mit einem solchen musst du nicht verkehren.
Kong-fu-tse.

Der Mann, welcher nach Wahrheit strebt und sich schlechter Kleidung oder einfacher Speise schämt, kann auf keine Weise mein Freund werden. *Kong-fu-tse.*

Lernst du einen weisen und guten Mann kennen, so bilde dich nach ihm; begegnet dir ein Unredlicher, so bewache dein Herz. *Kong-fu-tse.*

Der Weise hasst die, welche die Fehler Anderer herumtragen, und denen es Freude macht, davon zu reden; er hasst die, welche sich blähen mit Selbstliebe und Selbstüberschätzung, die eingebildet sind auf ihr Verdienst, die Götzendiener ihrer eigenen Ansichten, die Alles angreifen, Alles bespötteln, und nie die Vernunft um Rath fragen. *Kong-fu-tse.*

Gewöhne dich an liebenswürdige Gefälligkeit, dies bewahrt dich gleichmässig vor einem lockeren Wesen und vor pedantischer Strenge; zeige lebhafte Theilnahme an dem Schicksal Anderer, dies gewinnt dir Zutrauen; sei freimüthig und bescheiden im geselligen Kreise, dies entfernt jede anstössige und unziemliche Aeusserung.
Kong-fu-tse.

Die vier Hauptkennzeichen eines achtungswürdigen Mannes sind: im Verkehr mit den Andern Freundlichkeit und Milde, gegen Vornehmere Ehrfurcht, gegen Arme inniges Mitleid und Hilfe, gegen das Volk in Regierungsgeschäften väterliche Güte. *Kong-fu-tse.*

Als ich jung war, da dachte ich, alle Menschen seien aufrichtig, sie handelten immer, wie sie sprächen, ihr Mund stimmte überein mit ihren Herzen; jetzt aber sehe ich, dass ich im Irrthum war. Ich höre jetzt, was die Menschen sagen, aber ich verlasse mich nicht darauf; ich will erst prüfen, ob ihre Handlungen mit ihren Worten übereinstimmen. *Kong-fu-tse.*

Trachte, dass dein Aeussres werde
Glänzend und dein Innres rein,
Jede Miene und Geberde,
Jedes Wort ein Edelstein.
Um zu sein der Herr der Erde,
Gatte, Wesenheit und Schein. *Kong-fu-tse.*

Süsse Worte und ein kriechendes Benehmen, verworfene Schmeichelei, verstockter Groll und erheuchelte Freundschaft, schämt euch derselben! *Kong-fu-tse.*

Ich stand in des Waldes Tiefen
Und sah da Hirsch und Reh,
Die schaarweis, paarweis liefen,
Und hatten kein Leid und Weh.
Die Thiere leben feiner
Als Menschen zu dieser Frist,
Da unter den Menschen keiner
Des andern Freund mehr ist. *Kong-fu-tse.*

O Edler, lass die Heuchelei
Nicht deine Würde schmälern.

Kong-fu-tse.

Der äusserlich würdevolle und feine aber unedle Mensch gehört in die Reihe der Nichtswürdigen. Er ist ein nächtlich einbrechender oder über die Mauer springender Dieb. *Kong-fu-tse.*

Wo finde ich einen wahrhaft tugendhaften Menschen? Fände ich nur einen, der wenigstens aufrichtig wäre! *Kong-fu-tse.*

Wer aufrichtig und treu ist, gegen den bin ich auch aufrichtig und treu, spricht der Weise; wer aber nicht aufrichtig ist, es nicht offen und ehrlich meint, sollte ich gegen den auch treulos und falsch handeln? Nein!
Seht, das ist die wahre Aufrichtigkeit und Treue, die aus der himmlischen Tugend hervorgeht. *Lao-tse.*

Des Weisen Rede ist offen, wahr und treu, wenn er spricht; wenn er befiehlt, so ist er streng gerecht, und seine Anordnungen sind gemäss den Gesetzen.
Lao-tse.

Im Reden sei aufrichtig und treu, im Handeln fest und vorsichtig. *Kong-fu-tse.*

Der Aufrichtige wird nicht verlassen sein; er wird Freunde haben. *Kong-fu-tse.*

Treue und Aufrichtigkeit ist die höchste Tugend.
Kong-fu-tse.

Treue und Biederkeit seien eure vornehmsten Tugenden. *Kong-fu-tse.*

Bedenke, was du versprichst, denn hast du einmal ein Versprechen gegeben, dann ist es Unrecht, es zurückzunehmen; wir sollten immer unser Versprechen halten.
Kong-fu-tse.

Wer Höflichkeit und Wohlanständigkeit beobachtet, der hat damit nur die äussere Hülle der Rechtschaffenheit und Redlichkeit, unter der sich ebensogut List, Falschheit und alle möglichen Leidenschaften verbergen können. *Lao-tse.*

Die Alltagsmenschen sind dem Dudelsack zu vergleichen, der nichts Besonderes in sich fasst und doch aufgeblasen ist, und je mehr er bewegt wird, desto mehr leeren Schall herauslässt. Wie dieser, so machen sie viele hohle Worte und erschöpfen sich damit — sie sind ihr Alles.

Besser ist es, die rechte Mitte halten, nicht zu viel schöne Worte, dafür mehr Unparteilichkeit. *Lao-tse.*

Schöne Worte und ein feines Benehmen sind nicht wahre Tugend. *Kong-fu-tse.*

Schmeichelworte zerstören die Tugend.
Kong-fu-tse.

Lustige Schwätzer sind gefährlich, *Kong-fu-tse.*

Ein Rechtschaffener ist schlicht in seinen Reden; er schmückt nicht aus, er schmeichelt nicht. Wer schmeichelt, ist nicht redlich. *Lao-tse.*

Wer viel Redseligkeit besitzt, ist der ein Weiser, oder ein gezierter Seichtling? *Kong-fu-tse.*

Traue keinem Schmeichler, keinem Menschen, der eitel ist auf seine Unternehmungen, und immer gross thut mit seiner Beredsamkeit; das ist nicht der Charakter wahrer Tugend. *Kong-fu-tse.*

Ist dir die Tugend unbekannt, was nützt dir die Kunst der Rede und des Streitens? *Kong-fu-tse.*

Der rechte Weise spricht wenig, er ist nicht sehr beredt im Umgang. *Kong-fu-tse.*

Die Vorfahren hüteten sich schnell zu sprechen, damit sie sich nicht der Beschämung aussetzten.
Kong-fu-tse.

Der Weise hütet sich, über Dinge abzusprechen, von denen er nichts versteht. *Kong-fu-tse.*

Wenig reden ist Sache des Weisen. Der Himmel spricht auch, aber welche Sprache gebraucht er, um den Menschen zu predigen? Seine Sprache ist seine Thätigkeit, seine Bewegung. Er bringt die Jahreszeiten zu ihrer Zeit, er befruchtet die Erde, — dieses Schweigen ist beredt. *Kong-fu-tse.*

IX.

Menschenliebe. Menschenfreundlichkeit. Mitleid. Freund und Feind. Vergeben und Vergessen.

Thue dem Andern, was du willst, dass er dir thue, und thue dem Andern nicht, was du nicht willst, dass er dir thue. Ein anderes Gebot brauchst du nicht. Es ist die Grundlage und die Summe alles Uebrigen.
Kong-fu-tse.

Ich bin nicht Willens, Andere zu beleidigen, weil ich selbst nicht gerne Beleidigungen ertrage.
Kong-fu-tse.

Wenn du fähig bist, diejenigen Pflichten zu erfüllen, welche dir am nächsten liegen, wenn das Wohl deines Nächsten dir in gleichem Grad, wie dein eigenes, am Herzen liegt, dann besitzest du einen wichtigen Theil der volkommnen Tugend. *Kong-fu-tse.*

Wenn du für Andere arbeitest, dann thu es mit demselben Eifer, als wenn es für dich selbst wäre.
Kong-fu-tse.

Wer ein Herz für die Menschheit, ein Gefühl für die gute Sache hat, der muss siegen. *Lao-tse.*

Wer nur seinem eigenen Interesse anklebt, und blos nach diesem Grundsatz handelt, ist ein höchst verächtlicher Mensch. *Kong-fu-tse.*

Wer nur auf sich selbst bedacht ist, wird nichts Kluges zu Tage fördern. Wer zu sehr von sich eingenommen ist, hat wenig Verdienst um die Welt. Wer sich selbst rühmt, steht Andern nach. *Lao-tse.*

Nur wer ganz frei von verwerflicher Selbstsucht ist, erfüllt vollkommen seine hohe Aufgabe. *Lao-tse.*

Wer vollkommene Tugend besitzt und Weisheit, wünscht sie auch Andern mitzutheilen. *Kong-fu-tse.*

Wer selbst vollkommen, der begnügt sich nicht, es allein zu sein, er arbeitet an der Vollkommenheit des Ganzen. *Kong-fu-tse.*

Wer kein Mitleid hat, ist kein Mensch. Mitleid ist der Anfang der Menschenliebe. *Meng-tse.*

Gib deinen Ueberfluss den Armen. *Kong-fu-tse.*

Der gute Mensch gibt dem Armen. *Kong-fu-tse.*

Weisheit und Menschenliebe ist höchste Vollkommenheit. *Meng-tse.*

Sei stets gewissenhaft und menschenfreundlich.
Kong-fu-tse

Der Weise gibt mit Unpartheilichkeit, Milde und Barmherzigkeit, und gibt gern. *Lao-tse.*

Güte ist eine reiche Frucht der Lehre, die vom Himmel stammt. *Kong-fu-tse.*

Wer nicht mit Güte handelt, den lehre man diese Tugend richtig würdigen und ausüben. Ohne fortgesetzte Uebung der Menschenliebe können wir sie nicht uns eigen machen. *Kong-fu-tse.*

Der gute Mensch liebt die Menschen, und sie lieben ihn wieder; der gute Mensch achtet die Menschen, und sie achten ihn wieder. *Meng-tse.*

Wer die Menschen liebt, lebt in Frieden; wer die Tugend übt, ist auf dem rechten Wege. *Meng-tse.*

Des Weisen Benehmen ist immer werkthätige, niemals rastende Menschenliebe. *Kong-fu-tse.*

Der wahrhaft Weise ehrt die Weisen, und seine Liebe erstreckt sich auf alle Menschen. *Kong-fu-tse.*

Das Gemüth des Weisen ist kein gewöhnliches Gemüth, sein Herz schlägt gleichmässig für die ganze Menschheit. Wer gut und edel ist, dem bin ich auch gut, spricht der Weise, und wer strauchelt und fällt, dem sollte ich nicht gut sein? Seht, das ist die wahre Herzensgüte, die aus der himmlischen Tugend hervorgeht.
Lao-tse.

Der Weise behandelt alle Menschen mit gleicher Liebe und Gerechtigkeit. *Lao-tse.*

Der Weise grämt und ängstigt sich nicht; er beobachtet sich selbst ohne Unterlass; er ist ehrerbietig gegen Andere, doch mit Mässigung, und alle Menschen sind ihm Brüder, wenn er auch keine leiblichen hat.
Kong-fu-tse.

Der Weise ist gerade und standhaft, aber nicht hartnäckig. *Kong-fu-tse.*

Wer eigensinnig und unversöhnlich, ist kein Mensch. Sich entschuldigen und nachgeben ist der Anfang der Wohlanständigkeit. *Meng-tse.*

Wer Menschlichkeit in sich trägt, der ist auch stark; aber nicht allen Starken wohnt Menschlichkeit inne.
Kong-fu-tse.

Zur schönen Menschlichkeit gehören: Ehrfurcht, Freigebigkeit, Aufrichtigkeit, Emsigkeit, Freundlichkeit. Der Ehrerbietige wird nicht gering geschätzt; der Freigebige gewinnt die Herzen Aller; der Emsige erwirbt sich Verdienste; dem Aufrichtigen vertrauen die Menschen; der Freundliche und Gütige kann über die Menschen verfügen. *Kong-fu-tse.*

Die Alten sollen versorgt, die Waisen ernährt werden, und Freunde sollen einander treu sein.
Kong-fu-tse.

Wer einen guten Menschen verfolgt, führt Krieg gegen den Himmel; der Himmel schuf die Tugend und schützt sie; wer sie verfolgt, verfolgt den Himmel.
Kong-fu-tse.

Menschen verachten ist Tod der Tugend, und nach Allem gelüsten ist Verlust des Herzens. *Kong-fu-tse.*

Der achtungswürdige Mann findet keine Ursache zu Zank und Unfrieden. *Kong-fu-tse.*

Ein Edler und Weiser, überhaupt wer auf Bildung Anspruch macht, wird nicht roh und grausam mit den Menschen umgehen. Auch wenn er ihnen entgegentreten muss, wird dies nicht mit Zorn und Rache geschehen. Er wird die Menschen auf bessere Weise sich unterthan zu machen wissen, besonders durch Leutseligkeit.
    Er wird die Menschen durch friedliche Mittel zur Tugend führen. *Lao-tse.*

Streit und Zankreden liebt der Weise nicht, und nie wird er seine Meinungen gewaltsam aufdrängen.
Lao-tse.

Eines Andern Freundschaft suchen, heisst seine Tugend suchen. *Meng-tse.*

Schliesst keine Freundschaft mit Wüstlingen.
Kong-fu-tse.

Drei Freunde haben wir, die uns frommen: ein aufrichtiger Freund, ein treuer Freund, ein Freund, der Alles hört und prüft, was ihm gesagt wird, aber wenig spricht; wir haben aber drei andere Freunde, deren Freundschaft uns verderblich ist: ein Heuchler, ein Schmeichler und ein grosser Schwätzer. *Kong-fu-tse.*

Derjenige handelt leidenschaftlich, der seinem Freund das Leben und seinem Feind den Tod wünscht.
Kong-fu-tse.

Sei gerecht gegen den Feind, vergelte Wohlthat mit Wohlthat. *Kong-fu-tse.*

Wir dürfen für einen Feind eine Abneigung haben, nur nicht uns zu rächen wünschen; die natürlichen Bewegungen sind nicht immer strafbar. *Kong-fu-tse.*

Wünsche nicht den Tod deines Feindes, sein Leben steht in der Hand des Himmels. *Kong-fu-tse.*

Vergesset erlittene Kränkungen, und enthaltet euch grämlicher Vorwürfe. *Kong-fu-tse.*

Jene, die mit den Waffen der Liebe kämpfen, erringen den höchsten, den schwersten Sieg, den Sieg über sich selber. *Lao-tse.*

Vergelte Gutes mit Gutem, aber räche dich nie wegen Beleidigungen. *Kong-fu-tse.*

X.

Leben und Tod.

Die Mutter der Erdenwelt ist auch die unsrige; wir sind ihre Kinder, und wenn wir sterben, kehren wir nur in den Schutz dieser Mutter der Welt zurück. Ob dann auch der Leib vergehe, wir haben nichts zu fürchten.
Lao-tse.

Todesfurcht kommt daher, wenn man das irdische Leben zu hoch schätzt, zu sehr an ihm hängt. *Lao-tse.*

Von allen lebenden Wesen kehrt jedes wieder zu seinem Ursprung zurück, jedes löst sich wieder auf in seine Grundelemente, — man nennt das: „Zur Ruhe kommen."

Aber dieser Ruhe folgt immer ein Wiederaufleben, ein Wiedererwachen zu neuem Zweck, zu neuer Bestimmung, zu neuem Leben, man nennt das Fortdauer.
Lao-tse.

Wer von der hohen Bedeutung der Fortdauer durchdrungen ist, der ist sicher grossgesinnt, edel, vortrefflich.

Wer grossgesinnt, edel, vortrefflich ist, der hat das Ideal der Menschenwürde erreicht.

Wer das Ideal der Menschenwürde erreicht hat, dem erschloss sich der Himmel.

Wem sich der Himmel erschlossen, der kennt das Ewige. *Lao-tse.*

Wenn wir uns nur befestigen im rechten Glauben, im Guten und Rechten, und wenn wir den Glauben fest in uns verwahren, so kann uns das Ende des Erdenlebens keine Qual und Trübsal bereiten; freilich, wenn wir nachlassen im Guten und Rechten, wenn wir nur auf unsern Nutzen und unsere irdischen Angelegenheiten bedacht sind, so ist am Ende unseres Lebens nichts für unser Heil gewonnen. *Lao-tse.*

Willst du recht sterben lernen, lerne erst recht leben. *Kong-fu-tse.*

Wer am Morgen die Stimme der Tugend gehört, und befolgt hat, mag sterben in der Nacht; er wird nicht bereuen, gelebt zu haben, und der Tod wird für ihn kein Schmerz sein. *Kong-fu-tse.*

Ist ein Vogel dem Tod nahe, dann wird sein Ton klagend; naht sich aber ein Mensch dem Tode, dann sind seine Worte ernst und heilsam. *Kong-fu-tse.*

Betrübe dich nicht zu sehr über den Tod deines Bruders. Tod und Leben sind in der Macht des Himmels, dem sich der Weise unterwerfen muss. Bedenke vielmehr, dass alle Menschen auf der Erde deine Brüder sind, — warum also weinen, um des Einen willen, wo dir so viele Andere noch am Leben sind? *Kong-fu-tse.*

Bei einer Leichenfeier ist die wahre Trauer die Hauptsache; das reicht hin. *Kong-fu-tse.*

Ehre die Todten, ahme die Vorfahren nach, und des Volkes Liebe wird sich dir wahren. *Kong-fu-tse.*

II.

Indisch.

I.

Die Grundgesetze wahrer Glückseligkeit.

Aus dem Nichtsein führe mich zum Sein! Aus dem Dunkel führe mich zum Licht! Aus dem Tode führe mich zur Unsterblichkeit! *Yagur-Veda.*

Es richte der Mensch seinen Sinn und seine Verehrung auf den Geist, als auf seine Welt; der, welcher den Geist als seine Welt verehrt, dessen Werk geht nicht zu Grunde, denn was er nur immer durch diesen Geist wünschen mag, das wird ihm werden.
Yagur-Veda.

Alle Wesen stammen aus dem Geist, der Geist ist ihr vorzüglicher Bestandtheil, aus ihm haben sie ihr Bestehen. Wer unreinen Geistes spricht oder handelt, dem folgt der Schmerz, wie das Rad dem Fuss des ziehenden Thieres. Wer reinen Geistes spricht oder handelt, dem folgt Freude wie ein Schatten, der nicht weicht. *Buddha.*

Die Seligkeit, welche eins ist mit dem wahren Leben, ist nicht die Seligkeit dieser Welt, sondern diejenige, darin das wahre Wesen der Seele besteht.
Upnek'hat.

Aus dem Geiste ward Alles, in ihm besteht Alles, und in seine Wesenheit kehrt Alles zurück. Der Geist ist das höchste, er ist das **Sein und das Wissen** aller Dinge; er ist unendlich, und dieser unendliche Geist ist auch deines Daseins Seele.

Wer wissend und selbstbewusst das Wesen und die Wissenschaft dieses Geistes erkannt hat, wer ist und weiss, was das Ewige selbst ist, und weiss, mit wem er eins geworden ist, der ist gross am Wissen, wie das Ewige gross im Sein. Der hat die Welt besiegt und ist König der Könige. So lange er lebt, ist er immer glücklich und froh; stirbt er aber, so bleibt er dennoch Sieger und wird König der Könige über unzählbare Welten. *Upnek'hat.*

Etwas Anderes ist das ewige Heil, etwas Anderes die sinnliche Lust, beide von verschiedenem Wesen fesseln den Menschen. Der, welcher das Heil erwählt, wird glücklich, der, welcher die sinnliche Lust wählt, geht des höchsten Zieles des Menschen verlustig. *Yagur-Veda.*

Einige setzen das höchste irdische Gut in Tugend und Reichthum, andere in Reichthum und erlaubtes Vergnügen, andre in Tugend allein, und noch andere in Reichthum allein, aber das vorzüglichste Gut besteht aus allen diesen zusammen. *Manu.*

Nicht durch Reichthum ist der Mensch zu befriedigen. *Yagur-Veda.*

Wenn Jemand seine Pflichten unablässig, ohne Rücksicht auf den daraus folgenden Vortheil, erfüllte, dann würde er dereinst in den Stand der Unsterblichen treten, und schon in diesem Leben alle die tugendhaften Freuden geniessen, die ihm seine Einbildungskraft nur immer eingeben könnte. *Manu.*

Furchtlosigkeit, Geistesreinheit, in Weisheitsvertiefung Bestand, Almosen, Gunst, Opfer, Andacht, Busse, Aufrichtigkeit, Unschuld, Wahrheit, Sanftmuth, Entsagung, Ergebung, Milde, Mitleid mit Wesen, Keuschheit, Gutmüthigkeit, Festigkeit, Stärke, Geduld, Beständigkeit, Reinheit, Bescheidenheit, sind dessen, der zu göttlichem Loos geboren wird.

Heuchelei, Hochmuth, Uebermuth, Zorn, Schimpfrede, Unwissenheit sind dessen, der geboren für dämonisch Loos.
Bhagavad-Gita.

Wer Hasser keines Wesens, gütig und barmherzig ist, nicht stolz, selbstsüchtig, gleich sich bleibt in Glück und Unglück, geduldig und zufrieden, seiner Herr, vertieft, fest im Entschluss, wer sich nicht fürchtet vor der Welt, nicht sie erschreckt, wer geradeaus, wer rein und recht, besonnen stets, gefasst auf Alles, treu sich bleibt in Ehr und Schmach, in Kälte, Hitze, Schmerz und Lust, bei Freund und Feind, bei Lob und Tadel, — schweigsam und zufrieden immer — der ist mir lieb. *Bhagavad-Gita.*

Dem Weisen folgen, nicht dem Thoren, und denen huldigen, die es werth sind; tugendhafte Handlungen verrichten; nicht wanken im wahren Glauben; wohl unterrichtet sein in der Religion, bewandert in anmuthiger Rede, gehorchend der Zucht; Vater und Mutter ehren; sorgen für Weib und Kind; einem ehrenhaften Ruf folgen; Almosen geben; Verwandten helfen und ein tadelloses Leben führen; frei sein von Sünde; sich enthalten berauschender Getränke und ausharren in der Tugend; Ehre geben dem's gebührt, freundlich, zufrieden, dankbar sein, und zur rechten Zeit religiöser Belehrung lauschen; sanft sein, auf Vorwürfe achten; seinen Geist nicht stören lassen durch Glück oder Unglück, nicht durch Sorgen, nicht durch Unkeuschheit, dass er in heiterer Ruhe bleibe, das sind die vorzüglichsten Tugenden. Wer sie übt, und von der Sünde sich nicht besiegen lässt, der geniesst die Fülle des Glückes und erwirbt das höchste Gut. *Buddha.*

Wer Freude hat an guten Werken, wer seinen Meister achtet, wer nicht verlangt, was ihm nicht zukommt, wer sich derer annimmt, die ihn anflehen, wer die Unglücklichen nicht verachtet, wer nicht nach todten Schätzen jagt, wer von seinen Leidenschaften sich nicht beherrschen lässt, wer nicht zu hochmüthig ist, ... das sind die Menschen, welche zur Vereinigung mit Gott gelangen, die es aber so selten gibt auf Erden. *Harivansa.*

Zufrieden sein, Böses mit Gutem vergelten, die sinnlichen Gierden unterdrücken, sich unerlaubten Gewinn versagen, sich reinigen, die Gliedmassen im Zaum halten, die Schrift erforschen, den höchsten Geist erkennen, wahrhaftig sein, und sich nicht zum Zorn verleiten lassen, das sind die zehn Gebote des Brahminen. *Manu.*

Wer immer gut handelt, seine Leidenschaften zähmt, Geschenke gibt, nach sanften Sitten strebt, Unglücksfälle geduldig trägt, sich nicht unter die Bösen mischt, und keinem fühlenden Wesen Schmerz verursacht, der erlangt unendliche Glückseligkeit. *Manu.*

II.

Wachsamkeit über sich selbst. Das Böse und seine Ueberwindung. Folgen unseres Thuns. Reue nnd Besserung. Selbsterkenntniss. Weisheit.

Selbstüberwachung und Unterwerfung der Leidenschaften ist der Weg zum Glück und zur Ewigkeit.
Buddha.

Wachsamkeit ist der Weg der Unsterblichkeit, Unachtsamkeit der Weg des Todes. Die Wachsamen sterben nicht, die Unachtsamen sind schon wie Todte.

Der Unachtsamkeit jagen die Thoren nach, die Wachsamkeit hütet der Weise wie seinen besten Schatz.
Buddha.

Befleissigt euch der Wachsamkeit, bewahrt euer Herz und entreisst euch der unwegsamen Welt, wie der Elephant dem Sumpfe, in welchem er stecken geblieben.
Buddha.

Der weise Mann gewinnt durch Fleiss, Ausdauer, Klugheit und Selbstüberwachung solche Stärke, dass ihn die Fluthen der Sinnlichkeit nicht hinwegspülen.
Buddha.

Sünde ist, was das Herz Unangemessenes denkt.
Yagur-Veda.

Die Sünde tritt oft im Gewande der Tugend auf, aber ihre Wirkungen enthüllen sie. *Buddha.*

Die Sünder sprechen in ihrem Herzen: „Niemand sieht uns." Wahrlich die Götter sehen sie deutlich und auch der Geist in ihrer Brust. *Manu.*

O, Freund der Tugend, der erhabene Geist, den du für dein eigenes Selbst hältst, wohnt beständig in deinem Busen, und ist ein allwissender Beobachter deiner guten und deiner bösen Handlungen. *Manu.*

Wie der Regen durch ein schlecht gedecktes Haus dringt, so bemeistert sich die sinnliche Begierde des unbewachten Geistes. *Buddha.*

Entdecke immerhin die Fehler Anderer, aber wache eifersüchtig über deine eigenen. *Buddha.*

Erst werde selber stark in der Tugend, ehe du Andere lehrest. *Buddha.*

Nicht der Andern Fehler, nicht der Andern Thun und Lassen, sein eigenes betrachte ein Jeder!
Buddha.

Meide das Böse gerade ebenso, wie der Kaufmann, der grosse Schätze, aber wenig Bedeckung hat, einen gefährlichen Weg meidet, wie der Lebenslustige das Gift.
Buddha.

Jeder sei eifrig im Gutesthun, und wende den Sinn vom Bösen ab; denn wer lässig ist im Guten, dessen Gemüth erfreut sich am Bösen. *Buddha.*

Wie man aus einer Menge Blumen viele Arten Kränze machen kann, so soll der Sterblichgeborene viel Gutes thun. *Buddha.*

Wie ein Fuhrmann widerspenstige Pferde zu behandeln weiss, so wird ein weiser Mann mit der grössten Sorgfalt seine Glieder und sinnlichen Triebe zu bezähmen verstehn, dass sie nicht wild durcheinander irren.
Manu.

Wen in der Welt die giftige Begier überwindet, dessen Schmerzen mehren sich; wer aber die wilde Begier überwindet, dessen Schmerzen fallen nieder, wie die Regentropfen von der Lotosblume.

Daher rottet die Wurzel der wilden Begier aus, damit der Versucher euch nicht wieder und wieder knicke, wie der Fluss das Schilfrohr. *Buddha.*

Wie der Baum, auch wenn er geköpft wird, von neuem wächst, so lange die Wurzel unversehrt ist, so kehrt der Schmerz immer wieder, wenn nicht der Hang zur wilden Lust ausgerottet ist. *Buddha.*

Jagen, Spielen, bei Tag schlafen, Nebenbuhler tadeln, den Frauen zu sehr ergeben sein, Berauschung, Singen, Instrumentalmusik, Tanzen und unnützes Herumziehen sind die zehn Laster, welche die Liebe zum Vergnügen gebiert; Angeben, Gewalt, hinterlistisches Verwunden, Neid, Verleumdung, ungerechte Verpfändung, Schmähung und offener Angriff sind die acht Laster, welche der Zorn hervorbringt. *Manu.*

Die Sinnenlust des stumpf Dahinlebenden wächst wie eine Schlingpflanze; hin und her läuft er, eine Frucht suchend, wie der Affe im Walde. *Buddha.*

Hänge nicht aus Selbstsucht einer sinnlichen Lust übermässig nach, bemühe dich vielmehr, durch Uebung des Verstandes eine zu grosse Neigung zu solchen Vergnügungen, selbst wenn sie erlaubt sind, zu verhüten.
Manu.

Kein Feuer ist so wild, als die Leidenschaft, keine Fessel hält so fest, als der Hass, kein Netz kann verglichen werden mit der Thorheit, und keine Fluth ist so reissend, als das Verlangen. *Buddha.*

Das gierige Verlangen wird nie durch den Genuss des erwünschten Gegenstandes gestillt, so wenig als das Feuer mit gereinigter Butter gelöscht wird, sondern es wird nur heftiger entflammt. *Manu.*

Aus der Wollust und allen gierigen Wünschen entsteht Leid und Furcht. *Buddha.*

Wer, verlassend Recht und Gesetz, nach seinen Lüsten nur wandelt, erreicht nicht Vollkommenheit, nicht Glück und nicht den höchsten Weg. *Bhagavad-Gita.*

Das Vergnügen wird durch Lüsternheit gestört.
Buddha.

Dein Leben lang bewahre dir deine Keuschheit, halte dich fern vom Gedanken zu tödten, vom Diebstahl, von sinnlichen Vergnügen, von der Lüge, und von berauschenden Getränken. *Buddha.*

Den schwankenden, flatternden, schwer zu bewachenden, schwer zu lenkenden Gedanken bringt der Weise in gerade Richtung, wie der Pfeilschmied den Rohrschaft.
Buddha.

Das Wasser leiten die Röhrenmeister, das Rohr bringen die Pfeilschmiede zurecht, das Holz richten die Zimmerleute, und der Weise bezwingt sich selber.
Buddha.

Wessen Sinne zur Ruhe gekommen sind, wie die vom Wagenlenker gut gezähmten Rosse, wer frei von Stolz und allen Mängeln, den beneiden die Götter selbst.
Buddha.

Wer wenig, aber heilsames spricht, nach dem Gesetz lebt, die sinnliche Begierde, Hass und Gemüthsunruhe fern hält, ganz weise, ganz frei im Geiste, frei von Wünschen ist, der erreicht das Höchste. *Buddha.*

Fluchen ist Sünde. *Upnek'hat.*

Besiege den Zorn durch Sanftmuth, das Schlechte durch Gutes, den Geizigen durch Freigebigkeit, den Lügner durch Wahrheit. *Buddha.*

Wer seine Sinne hat in seiner Macht, dess Weisheit ist beständig. Wer aber unterthan den unsteten Sinnen, dess Weisheit reissen sie dahin, wie Wind das Schiff in Wasserfluth. *Bhagavad-Gita.*

Thue nichts, ehe du reiflich überlegt hast.
Buddha.

Durch Ueberlegung sichert man das Gelingen eines Vorhabens. *Harivansa.*

Thut das, was euch in Zukunft nicht reuen wird.
Buddha.

Schwer ohne Zweifel ist das flüchtige Herz zu zügeln; durch Uebung und Entsagung aber wird es gezähmt.
Bhagavad-Gita.

Hüte deine Rede, zügle dein Denken, und thue nichts Böses mit deinem Leibe. *Buddha.*

Ein einziger Spruch, dessen Hören uns zur Unterwerfung unserer Leidenschaften veranlasst, ist besser, als tausend Sätze, wohlgefügt, aber ohne sittlichen Werth.
Buddha.

Wer sich besiegt, ist beruhigt, richtet aufs Höchste seinen Geist, in Kälte, Hitze, Lust und Leid, in Ehre, in Unehre auch. *Bhagavad-Gita.*

Wer sich selbst besiegt, der ist ein grösserer Held, als wer auf dem Schlachtfeld tausendmal tausend Feinde überwindet.

Wer sich selbst zügelt und bändigt, dessen Sieg kann kein Gott in eine Niederlage verwandeln.
Buddha.

Die Thoren, welche den sinnlichen Begierden folgen, fallen in des Todes ausgebreitete Schlingen. Desshalb verlangen die Weisen nicht nach Dauerndem in den vergänglichen Dingen dieser Welt. *Yagur-Veda.*

Wenn derjenige, der seine Pflicht thut, vierfachen Lohn erntet, dann erntet auch der Thor, der seine Pflicht versäumt, die Frucht seiner Sünde. *Harivansa.*

Eine vollbrachte Handlung, sei sie gut oder bös, kann nicht ungeschehen gemacht werden. Beide tragen, wenn sie zur Reife gekommen, gleichermassen ihre Frucht.
Buddha.

Der Tugendhafte ist unter dem Schutz der Götter, der Urheber schlechter Handlungen findet keine Vertheidigung auf Erden. *Harivansa.*

Wahrlich, eine Missethat, einmal begangen, trägt dem Uebertreter unausbleibliche Frucht, wo nicht an ihm selbst, so doch an seinen Söhnen und Enkeln. *Manu.*

Bedenke, Mensch, dass sündige Handlungen nicht verborgen bleiben können, dass aber Stolz, Habsucht und Zorn langes Leiden über dich bringen wird.
Buddha.

Denke Niemand gering vom Bösen, als schade es nicht, denn, wie durch Wassertropfen ein Krug sich füllt, so wird der Thor voll vom Bösen, Tropfen für Tropfen sammelnd. *Buddha.*

Leid ist der Leidenschaft Frucht, — der Finsterniss Frucht Unwissenheit. *Bhagavad-Gita.*

Wer verstockten Sinnes, unersättlich in der Sinnlichkeit, nur immer, wie Blumen suchend, dahinlebt, den nimmt der Tod mit sich, wie die Fluth ein schlafendes Dorf.
Buddha.

Wer ein Lebendiges vernichtet, unwahre Rede führt, fremdes Gut sich aneignet, eines Andern Weib begehrt, und der Trunkenheit sich ergibt, der gräbt dadurch schon für diese Welt sich seine eigene Wurzel aus.
Buddha.

Uebermässiges Essen ist der Gesundheit, dem guten Namen, und der künftigen Seligkeit im Himmel nachtheilig; es ist der Tugend schädlich und unter den Menschen verhasst, daher muss es aufs strengste vermieden werden.
Manu.

Deine schlechten Leidenschaften kannst du nicht alle auf einmal ausmerzen, es erfordert Zeit, und muss allmählig geschehen, gerade wie der Juwelier nur langsam den Rost vom Golde entfernt.
Buddha.

Wenn der Mensch Böses gethan hat, so thue er es nicht wieder und wieder; möge er nicht Lust daran haben, denn des Bösen Endziel ist Schmerz.

Wenn der Mensch Gutes gethan hat, so thue er es wieder und wieder, möge er seine Lust daran haben, denn des Guten Endziel ist Freude.
Buddha.

Wiederholtes Vergehen verdoppelt die Schuld.
Manu.

Wer gefehlt, der bereue!
Harivansa.

Bereuen des Unrechtes bringt Vergebung.
Buddha.

Das Paradies ist d i e s e W e l t selbst, aber nur für denjenigen, der durch Busse und Reinigung zur wahren Erkenntniss gelangt ist. *Upnek'hat.*

Ein Sünder wird von seiner Schuld frei, gerade wie die Schlange ihre Haut abwirft, wenn er von seinem Vergehen ein wahrhaftiges und freiwilliges Geständniss ablegt; und sein Lebensgeist wird von der Befleckung durch eine böse That rein, insofern er diese aufrichtig bereut; sagt er aber blos: „ich will nicht mehr so sündigen," so ist keine Nachlassung für ihn zu hoffen, sofern er sich nicht wirklich hütet, wieder zu sündigen.
Manu.

Nicht in der Luft, nicht in der Mitte des Meeres, nicht in den Höhlen der Berge, nirgends, wohin du gehst, findest du einen Ort im Weltenraum, wo der Mensch von böser That frei würde. *Buddha.*

Jeder büsst seine eigene Schuld. Reinheit, Unreinheit sind für sich. Keiner reinigt den Andern.
Buddha.

Steht auf, erwacht, naht euch vorzüglichen Lehrern und lernet, wenn auch der Weg zur Wahrheit schwer ist, schwer zu überschreiten, wie die Schärfe des Scheermessers. *Yagur-Veda.*

Der wahrhaft Fromme verbirgt seine guten Werke, und bekennt seine Fehler. *Buddha.*

Der Weise wird zum Weisen durch Erkenntniss seiner eigenen Thorheit, aber der Thor wird ein grösserer Thor durch seine eingebildete Weisheit. *Buddha.*

Wer tadelt, belehrt und vom Bösen zurückhält, den liebt der Weise und hasst der Thor. *Buddha.*

Wer durch Hinwegnehmen des Schleiers des Irrthums und der Unwissenheit von seinem innern Sinn zum geistigen Leben sich erhoben hat, und eins geworden ist mit dem Ewigen, der findet das Paradies und alle Freude und alle Güte desselben zu allen Zeiten, und überall in sich selbst. *Upnek'hat.*

Wer früher thöricht dahinlebte, dann aber sich besann, und es wieder gut machte, der erleuchtet diese Welt, wie der von Wolken freigewordene Mond.
Buddha.

Wer ohne Erkenntniss ist, stets ungesammelten Herzens, dessen Sinne sind unbändig, wie ungezähmte Rosse des Wagenlenkers; er bleibt stets unrein, und versinkt in den Strudel der Welt.

Wer aber mit Erkenntniss begabt ist, stets gesammelten Herzens, dessen Sinne sind willig gleich wohlgezähmten Rossen des Wagenlenkers; er ist stets rein, und erreicht den Sitz des Höchsten. *Yagur-Veda.*

Wer in dem, was unwesentlich ist, das Wesentliche vermuthet, und in dem, was wesentlich, das Unwesentliche, der ist im Irrthum und dringt nicht in's Wesen der Dinge ein. *Buddha.*

Besser ist Erkenntniss, als irdische Güter.
Weng-Cito.

Die sich weise Dünkenden wandeln inmitten der Unwissenheit; wie Blinde von Blinden geführt, gehen sie in der Irre umher, die Thoren. *Yagur-Veda.*

Die Unwissenheit des Menschen ist allein Schuld, dass er, so lange er lebt, den eiteln Schein für Wahrheit hält. *Upnek'hat.*

Unwissenheit ist der grösste Schmutz. *Buddha.*

Wie auf dem Düngerhaufen am Wege eine Blume wächst, voll reinen Duftes, den Geist erfrischend, so strahlt aus dem dummen Haufen des Volkes der Weise hervor. *Buddha.*

Körper werden durch Wasser gereinigt, der Geist durch Wahrheit. *Manu.*

Von der Mutter geboren werden ist unsere erste Geburt, die Erkenntniss unserer Pflichten ist unsere wahre Geburt, ihr schadet weder Alter noch Tod.
Manu.

Erkenntniss ist das beste Reinigungsmittel; im Nachen der Erkenntniss schiffst du durch aller Sünden Meer. *Bhagavad-Gita.*

Wenn der Weise den schwer zu schauenden, verborgenen, die Natur durchdringenden, im Menschenherzen ruhenden, uralten, göttlichen Geist, der in der Tiefe weilt, durch innige Vereinigung mit ihm erkannt hat, dann ist er erhaben über Freude und Kummer.
Yagur-Veda.

Der höchste Geist ist in allen Wesen verborgen, er erscheint nicht, wird aber mit der auf einen Punkt gerichteten, durchdringenden Vernunft von den Scharfsichtigen erblickt. *Yagur-Veda.*

Alles, was für dich Etwas sein soll, muss innerlich in dir sein; dieses in dir ist allein das Wesen; was ausser dir, ist eitel Schein, Trug und Blendwerk.
Upnek'hat.

Der im Innern aller Wesen lebende Geist ist das Beständige unter dem Unbeständigen, das Denken der Denkenden, der Eine, welcher die Begierden der Vielen schafft. Die Weisen, die ihn in ihrem Geiste wohnend erblicken, ihnen ist ewiger Friede, nicht den andern.
Yagur-Veda.

III.
Ceremonien und wahre Religion.

Ein weiser Mann erfülle immer seine sittlichen Pflichten, wenn er auch nicht immer die religiösen Ceremonien verrichten mag, denn er fällt tief, wenn er blos die ceremoniellen Handlungen verrichtet, und seine sittlichen Pflichten versäumt. *Manu.*

Niemand sei stolz auf seine strenge Andachtsübung! *Manu.*

Nicht Nacktgehen, nicht Haargeflecht, nicht Unflath, nicht Fasten, nicht rauhes Lager auf der Erde, nicht Einreiben mit Staub, noch unbewegte Stellung reinigen den Menschen, der nicht seine Gierde überwindet, ruhig, besonnen, mässig und keusch lebt, und keinem Wesen irgend wehe thut, — d e r nur ist vollkommen weise. *Buddha.*

Thor Du! Was soll das Haargeflecht, was der Schurz von Fell! Dein Inneres ist es, wo der Abgrund gähnt, — was sollen da diese äusseren Bräuche! *Buddha.*

Wer die Lehren der Religion kennt und anerkennt, aber sie nicht übt im Leben, gleicht dem Kuhhirten, der eines Andern Heerde zählt. *Buddha.*

Reinheit der Rede und des Herzens ist die reichste Frucht wahrer Religion. *Manu.*

Die ganze Religion fasst sich in die drei Sätze zusammen: Reinige den Geist, enthalte dich des Lasters, übe die Tugend! *Buddha.*

IV.

Gleichmuth. Muth. Heldensinn.

Wie der starke Fels unbeweglich im Sturm dasteht, so wird der Weise vom Tadel und Beifall nicht bewegt.
Buddha.

Der Weise, der dem Gesetze gehorcht, wird ruhigen Gemüthes, wie der tiefe, klare, unbewegte See.
Buddha.

Nicht der ist ein Weiser, der viel spricht, sondern wer ruhig, ohne Zorn und ohne Furcht ist. *Buddha.*

Ungerechtem Tadel und ungerechtem Lob sind immer die Menschen ausgesetzt gewesen, und werden es immer sein. *Buddha.*

Wie der Elephant im Kampf den vom Bogen losgeschossenen Pfeil, so will ich harte Worte tragen, denn die Menge der Menschen ist schlecht. *Buddha.*

Ach, das Schicksal ist stärker als wir, und Niemand kann ihm entgehen. *Harivansa.*

Einen Tag der Kraft und Anstrengung leben, ist besser, als hundert Jahre der Ohnmacht und Schlaffheit.
Buddha.

Alles, was von einem Andern abhängt, verursacht Schmerz, und Alles, was von mir selbst abhängt, gewährt Vergnügen. *Manu.*

Die Pflicht des Helden ist, zu siegen oder zu sterben.
Harivansa.

Sich in der Schlacht besiegen lassen, seinen Kampfwagen verlieren, und vor dem Feind fliehen, ist für den Krieger grösstes Verbrechen. *Harivansa.*

Krieger von Ehrgefühl tödten Niemand, dessen Waffe zerbrochen, der von häuslichem Gram niedergedrückt, der schmerzlich verwundet, Niemand, der erschrocken ist, oder welcher den Rücken kehrt. *Manu.*

Niemand verwunde seinen Feind in der Schlacht mit scharfen, in Holz verborgenen Waffen, mit mörderisch gezackten Pfeilen, oder mit vergifteten und feurigen Pfeilen. *Manu.*

V.
Rechtschaffenheit. Wahrhaftigkeit. Einfluss des Umgangs.

Wenn dich auch Mangel drückt in Folge deiner Rechtschaffenheit, so hüte dich doch unredlich zu handeln; ruchlose, sündige Menschen finden bald ihren Untergang. *Manu.*

Lieber Tod als Schande! *Harivansa.*

Die Frucht jeder guten Handlung, die du, o guter Mann, seit deiner Geburt gethan hast, wird von dir zu den Hunden gehen, wen du in deiner Rede von der Wahrheit abweichst. *Manu.*

Die Seele ist ihr eigner Zeuge; die Seele ist ihr eigner Zufluchtsort; verletze nicht deiner Seele Bewusstsein, den höchsten innern Zeugen der Menschen!
Manu.

Verkündigung der Wahrheit ist vorzüglicher als Stillschweigen. *Manu.*

Sprich die Wahrheit, aber bemühe dich auch zu gefallen. *Manu.*

Kein verständiger Mann schwöre vor Gericht einen vergeblichen Eid, bei unbedeutenden Vorfällen. *Manu.*

Wahrhaftigkeit reinigt einen Zeugen von Sünde, und bietet der Gerechtigkeit die Hand; daher müssen Zeugen aus allen Ständen die Wahrheit sprechen.
Manu.

Zeugniss, gegeben aus Eigennutz, Zerstreuung, Freundschaft, Wollust, Zorn, Unwissenheit und Unachtsamkeit ist für ungiltig zu halten. *Manu.*

Der ungerechte Mann, und der sich Reichthum durch falsches Zeugniss erworben, und der Schadenfrohe können hienieden schon nicht glücklich sein. *Manu.*

Unredlichkeit macht dich reich eine zeitlang, aber endlich erstirbst du von der untersten Wurzel bis oben hinauf. *Manu.*

Wenn ein Zeuge vor einer Versammlung von guten Männern wissentlich etwas andres aussagt, als er wirklich gesehen oder gehört hat, so soll er nach dem Tode in eine Gegend von Schrecken gestürzt, und vom Himmel getrennt werden; fern sei es daher von dem Menschen, falsches Zeugniss abzugeben. *Manu.*

Der, welcher falsches Zeugniss gibt, soll nackend und beschoren, von Hunger und Durst geplagt, seines Gesichtes beraubt, mit einer Scherbe an der Thüre seines Feindes Nahrung betteln. *Manu.*

Der gottlose Bösewicht, der bei einer gerichtlichen Untersuchung auf die an ihn gerichteten Fragen nur eine einzige falsche Antwort gibt, wird über Hals und Kopf durch äusserste Finsterniss in die Hölle hinabstürzen. *Manu.*

Wenn sich die Gerechtigkeit, vom Laster verwundet, dem Gerichtshof nähert, und die Richter ziehen ihr nicht den Pfeil aus, dann sollen auch sie von demselben verwundet werden. *Manu.*

Wo Gerechtigkeit von Ungerechtigkeit verdrängt wird, und Wahrheit durch falsches Zeugniss, da sollen die Richter, die es böslich mit ansehn ohne dem Uebel abzuhelfen, auch zu Grunde gehen. *Manu.*

Verlasset euch nicht auf einen Menschen ohne Treu und Glauben, verlasset euch selbst auf die Besten nicht zu viel! *Harivansa.*

Der strahlend schönen Blume, die keinen Geruch hat, gleicht der, welcher schöne Worte macht, denen die That nicht folgt. *Buddha.*

Der Wortbrüchige erlangt nicht Unsterblichkeit.
Yagur-Veda.

Wer sich bei würdigen Leuten für etwas ausgibt, was er nicht ist, ist der sündhafteste Verbrecher in dieser Welt, der abscheulichste Dieb, ein Entwender der Seelen. Denn die Sprache hat alle Gegenstände durch besondere Ausdrücke bezeichnet, und ist gleichsam ihr Grund, ihre Quelle; wer mithin die Sprache verfälscht, verfälscht Alles. *Manu.*

Ein listiger Feind umarmt uns mit verstellter Miene, und darauf erwürgt er uns; er gleicht der Schlingpflanze, die einen grossen Baum erdrückt, dem Wurm, der unmerklich die Wurzeln einer Pflanze zerfrisst. *Harivansa.*

Der Weise meidet den, der von Freundschaft spricht, und Feindschaft in seinem Herzen birgt. *Harivansa.*

Nicht die Bösen mach' dir zu Freunden, nicht gemeine Menschen, gehe mit tugendhaften Freunden, gehe mit den Besten. *Buddha.*

Dem Wind entgegen verbreitet die Blume keinen Geruch, aber der Geruch des Tugendhaften verbreitet sich auch gegen den Wind, er durchdringt die ganze Welt.
Buddha.

Was immer nur der Beste wählt, dem folget auch ein anderer Mensch; was für ein Beispiel jener gibt, nach diesem richtet sich die Welt. *Bhagavad-Gita.*

Wehe dem, der einen schlechten Freund, ein schlechtes Heimathland, einen schlechten König, schlechte Kinder und eine schlechte Frau hat!

Bei einem schlechten Verbündeten — keine Freundschaft, bei einer schlechten Frau — keine Freude, bei schlechten Kindern — kein Nachruhm, bei einem schlechten König — keine Gerechtigkeit, in einem schlechten Lande kein angenehmes Leben. *Harivansa.*

Wie die Biene Nektar sammelt, und ohne die Schönheit oder den Duft der Blume zu verderben diese verlässt, so weilt der Weise unter den Menschen; er betrachtet ihre Wege und lernet Weisheit aus ihrer Thorheit. *Buddha.*

Sogar aus Gift kann man Nektar bereiten, selbst von einem Kinde Leutseligkeit lernen, vom Feinde Klugheit, und aus Schlacken selbst Gold gewinnen. *Manu.*

Wie der auf hohem Berg Stehende ruhig die Ebene zu seinen Füssen überschaut, so blickt der Weise auf die thörichte Menge. *Buddha.*

VI.

Die Familie. Eltern und Lehrer. Mann, Frau und Jungfrau.

So lange Vater, Mutter und Lehrer am Leben sind, beobachte nicht blos die auf dich selbst sich beziehende Pflicht, sondern dein Vergnügen bestehe darin, dich zu bemühen, wie du auch ihre Liebe gewinnen, ihre Wünsche befriedigen und ihnen von Tag zu Tag aufs sorgfältigste dienen kannst. *Manu.*

Jeder muss so handeln, dass seine Eltern und Lehrer immer mit ihm zufrieden sind; wer sie ehrt, erfüllt alle Pflichten vollkommen; wer sie nicht ehrt, dem fruchtet die Ausübung aller andern Pflichten nichts. *Manu.*

Für Familien, in denen Vater und Mutter, wie's ihnen gebührt, geehrt und verehrt werden, bedarf es nicht des Opfers; Vater und Mutter sind für den Sohn das Opfer selber. *Buddha.*

Heil den Familien, in denen Vater und Mutter, wie's ihnen gebührt, geehrt und verehrt werden! In ihnen ist Gott; denn nach dem Gesetz ist Vater und Mutter für einen Sohn Gott selber. *Buddha.*

Es sei nie Zwist zwischen dir und deiner Mutter, deinem Vater, deinem Bruder, deinem Sohn, deiner Frau, deiner Tochter, auch nicht mit deinen niedrigsten Dienern. *Manu.*

Wenn sie beisammen sind, brennen die Kohlen; so sind Brüder stark durch Eintracht, aber wenn sie trennen erlischt ihre Kraft, wie die der Kohlen.
Buddha.

Die Familie desjenigen, welcher seine Verwandten betrübt und bedrückt, geht bald gänzlich zu Grunde; die Familie, wo man das nicht thut, wächst beständig.
Manu.

Die Familie, in welcher der Mann mit seiner Frau, und die Frau mit ihrem Mann zufrieden ist, erfreut sich ununterbrochenen Wohlstandes.
Manu.

Wenn eine Frau nicht mit Sorgfalt gekleidet ist, kann sie ihren Mann nicht aufheitern; und wenn es dem Mann an Heiterkeit fehlt, so werden sie keine Kinder bekommen.
Manu.

Wenn Mann und Frau durch den Ehestand verbunden sind, so müssen sie stets auf ihrer Hut sein, dass sie nie wieder getrennt werden, und ihre gegenseitige Treue nicht verletzen.
Manu.

Nichts in dieser Welt verhindert langes Leben so sehr, als die sträfliche Aufmerksamkeit eines Mannes gegen das Weib eines Andern.
Manu.

„Gegenseitige Treue währe bis in den Tod," das ist in wenig Worten das höchste Gesetz für Mann und Frau.
Manu.

Eine Mutter soll alle ihre Kinder mit gleicher Zärtlichkeit behandeln. *Harivansa.*

Das Weib, das seine Pflicht kennt, findet ihr Glück nur bei ihrem Gatten. *Harivansa.*

Das Weib soll nie wünschen, sich von ihrem Vater, ihrem Gatten oder ihren Söhnen zu trennen; wenn sie es thut, gibt sie beide Familien der Verachtung preis. *Manu.*

Bis an ihren Tod verzeihe das Weib alle Beleidigungen, vermeide jedes sündliche Vergnügen, und beobachte mit Freuden die unvergleichlichen Vorschriften der Tugend, welche diejenigen Weiber ausgeübt haben, die blos einem Ehegatten ergeben waren. *Manu.*

Wenn eine Frau schön geschmückt ist, so ist ihr ganzes Haus geschmückt. *Manu.*

Das Weib soll immer aufgeräumt sein, der Haushaltung wohl vorstehen, die Geräthe im Haus sorgfältig in Acht nehmen, und bei allen ihren Ausgaben überlegt zu Werke gehen. *Manu.*

Wo die Frauen in Ehren gehalten werden, da ist Wohlgefallen der Götter. *Manu.*

Es ist besser, dass eine Jungfrau, ob sie gleich mannbar ist, bis an ihren Tod zu Hause bleibe, als dass man sie an einen Bräutigam verheirathe, der keine Vorzüge hat. *Manu.*

Ein Weib kann nicht nur einen Thoren, sondern selbst einen Weisen vom rechten Pfad in diesem Leben abziehen, und ihn in seiner Unterwürfigkeit zu Begierde und Wuth entflammen. *Manu.*

Weiber sind in dieser Welt von Natur Verführungen für Männer, daher hat der weise Mann stets Acht auf sich, wenn er in der Gesellschaft von Frauen ist.
Manu.

Die Frauen säen Zwietracht unter Freunden.
Buddha.

Wer eine Jungfrau ohne ihre Einwilligung schändet, soll unmittelbar an seinem Körper dafür gestraft werden.
Manu.

Der Ehebrecher mit einer Frau von edler Familie soll auf ein glühendes eisernes Bett gelegt werden, und die Henker beständig Holz darunter werfen, bis der Verbrecher verbrannt ist; eine verbrecherische Frau aber soll an einem Ort, wo viele Leute hinkommen, von Hunden aufgefressen werden. *Manu.*

Wenn ein Mann von gleichem Stande eine Jungfrau mit ihrem Willen schändet, so sollen ihm seine Finger nicht abgeschnitten, aber ihm eine Geldstrafe von zweihundert Panas zuerkannt werden. *Manu.*

VII.

Staatsleben. Herrscherpflichten.

Die Pflicht des Fürsten ist, eines Jeden Rechte zu achten. *Harivansa.*

Durch Gerechtigkeit machte er seine Unterthanen glücklich; er war Feind des Lasters und fand sein Vergnügen in der Tugend. *Harivansa.*

Das ganze Menschengeschlecht wird durch gesetzliche Strafe in Ordnung gehalten, aber sie muss gerecht sein. *Manu.*

Der König bereite gerechte Belohnung den Guten, und gerechte Strafe den Bösen; er übertrete nie das Gesetz der strengen Gerechtigkeit. *Manu.*

Ein unwissender, geiziger König, der keine weisen und tugendhaften Gehilfen hat, dessen Verstand nicht ausgebildet, und dessen Herz der Sinnlichkeit ergeben ist, kann nicht gerecht strafen. *Manu.*

Ein König, welcher aus Verstandesschwäche oder Uebereilung sein Volk unterdrückt, wird sammt seiner Familie Königreich und Leben verlieren. *Manu.*

Wenn die Mächtigen sich nicht dem Gesetz eines Höheren unterwerfen, dann ist Alles verloren.
Harivansa.

Ein König muss vor Allem die Selbstsucht unterdrücken. *Manu.*

Der grösste Sieg, den ein Fürst gewinnen kann, das ist der Sieg über sich selber. Vor Allem ziemt es dem Fürsten, seiner Leidenschaften Herr zu sein.
Harivansa.

Der Fürst, der sich seinen zügellosen Leidenschaften hingibt, geht bald zu Grunde unter den Streichen dieser seiner inneren Feinde, als Opfer seiner Begierden, und seine Fehler kommen seinen Gegnern zu Gut.
Harivansa.

Ein König, welcher sich Lastern ergibt, die aus Liebe zum Vergnügen entspringen, muss seinen Reichthum und seine Tugend verlieren; und wenn er sich Lastern ergibt, die vom Zorn erzeugt werden, so kann er durch die hervorgerufene Erbitterung des Volkes sogar sein Leben verlieren. *Manu.*

Wer bei den Königen sich einschmeichelt, wird zerdrückt wie ein Floh. *Harivansa.*

Könige und ihre Pracht und Herrlichkeit vergehen, aber Wahrheit ist unveränderlich und ewig.
Buddha.

VIII.

Achtung und Schonung aller lebenden Wesen. Menschliche Gleichheit. Mitleid. Güte. Sanftmuth. Versöhnlichkeit. Pflichten gegen die Thiere.

Wer alle Wesen achtet und keinem etwas zu Leide thut, weder durch Handlungen, noch Worte, noch Gedanken, der wird selig. *Harivansa.*

Sammle dir nach und nach einen Vorrath tugendhafter Handlungen, ohne irgend einem Geschöpf Schmerz zu verursachen. *Manu.*

Wer alle Wesen in sich und sich in allen Wesen erblickt, der hat kein Verlangen, irgend ein Geschöpf zu verachten. *Yagur-Veda.*

Thue nicht Leid einem belebten Geschöpfe, füge ihm nicht einmal den geringsten möglichen Schaden zu. *Manu.*

Wer einen Unschuldigen, einen Tugendhaften beleidigt, auf den fällt die böse That selbst zurück, wie dünner Staub, der gegen den Wind geworfen wird. *Buddha.*

Wer keinem belebten Wesen schadet, wird ohne Mühe Alles erlangen, was er sich wünscht, erstrebt und sich erkoren hat. *Manu.*

Ich frage nicht nach deinem Stand, nach deiner Familie; ich bitte dich nur um etwas Wasser zum Trinken, wenn du mir geben kannst.*) *Buddha.*

Der Brahmane wird aus dem Schoos des Weibes geboren, gerade wie der Thschândâla; er entsteht nicht aus Aether oder Wind, noch steigt er aus der Erde hervor. Was sollte ihn darum zu einem Edeln machen, den andern aber zu einem Gemeinen? Auch wenn er todt ist, ist kein Unterschied. *Buddha.*

Reichthum, Verwandtschaft, Alter, gute Aufführung und göttliche Kenntnisse geben Anspruch auf Achtung, aber das zuletzt Genannte ist das Achtungswürdigste von Allen. *Manu.*

Wahren Adel gibt nicht die Herkunft, sondern eine tugendhafte, edle Seele. *Buddha.*

Das Wesentliche in dieser Welt ist das, was der Weise auch im niedrigsten Menschen zu würdigen versteht. *Buddha.*

Verhöhne keinen, der verstümmelt ist, oder ein Glied zuviel hat, der nichts gelernt, einen Greis, einen Hässlichen, einen Armen, oder einen aus niederem Stande. *Manu.*

---

*) Antwort an ein junges Mädchen, das Wasser schöpft und, welchem Buddhas Diener Ananda begegnete, als er auf einem weiten Wege Durst empfand; es fürchtete, er möchte sich durch seine Berührung verunreinigen, weil es in der Kaste Mâtanga geboren sei. (Burnouf, Introduct. à l'hist. du Buddhaisme indien. Tom. 1 S. 205.)

Lass keinen Gast in deinem Haus verweilen, ohne ihn mit einem Ruhesitz, mit Nahrung, mit einem Bett, mit Wasser, mit essbaren Wurzeln und Früchten zu ehren. *Manu.*

Wenn die Menschen wüssten, welcher Segen im Geben liegt, sie würden ihren kleinsten und letzten Bissen Brod nicht essen, ohne etwas davon dem Dürftigen mitzutheilen; wenn ihnen ein würdiger begegnete, der Gedanke der Selbstsucht würde ihnen nicht kommen, und ihren Geist nicht verdunkeln. *Buddha.*

Wahre Güte ist empfänglich für tugendhafte Liebe, frei von jeder bösen Leidenschaft, klar wie das reinste Licht. *Manu.*

Der Weise und Tugendhafte hütet sich, seinen Nebenmenschen auch nur mit Worten zu verwunden; er weiss, es gibt eine Macht, die über den Guten wie über den Bösen wacht. *Harivansa.*

Sage Niemand ein hartes Wort, zänkische Rede bringt Schmerz, und du selbst musst es hintennach büssen. *Buddha.*

Ein Lehrer, welcher der Tugend huldigt, muss süsse, sanfte Worte brauchen. *Manu.*

Niemand lasse Klagen von sich hören, ob er auch Schmerz leidet; niemand beleidige den Andern, weder in der That noch in Gedanken; niemand sage ein Wort, das seinem Nebenmenschen wehe thun könnte, denn das verhindert seinen eigenen Fortschritt zur künftigen Seligkeit. *Manu.*

In unnütze Feindschaft und Zwistigkeit lasse dich mit Niemand ein. *Manu.*

Lasset uns inmitten der Zornsüchtigen freundlich und sanft sein! *Buddha.*

Wer den aufsteigenden Zorn zurückhält, wie den rollenden Wagen, den nenne ich einen Wagenlenker, Andre sind nur Zügelhalter. *Buddha.*

Den Zorn lege der Mensch ab, den Hochmuth lege er ab, jede Fessel der Welt zerbreche er. *Buddha.*

Man hüte sich vor thätlichem Zorn, zügle seine Hände; man hüte sich vor Zorn in der Rede, zügle seine Worte; man hüte sich vor Zorn im Gemüthe, zügle seine Sinne. *Buddha.*

Der Geist, der Unrecht mit Unrecht, Zorn mit Zorn erwiedert, wandelt immer tiefer in die Labyrinthe des Irrthums. *Buddha.*

Sprich die Wahrheit, fahre nicht aus in Zorn, gib, wenn man dich bittet, und sei's auch nur wenig.
Buddha.

Befleissige dich sanfter Rede, wache über jedem Worte, halte fern alle ungebührliche Sprache, und sieh, dass deine Rede immer tugendhaft sei. *Buddha.*

Die Bösen sehen nicht ein: wir werden hier sterben; wer das aber einsieht, dessen Zanksucht hat ein Ende. *Buddha.*

Wer Feindlichen nicht feindlich ist, milde gegen die, welche wehe thun, den nenn' ich einen Weisen.
Buddha.

„Er hat mich mit Schmähungen überhäuft, er hat mir Gewalt angethan, er hat mich besiegt, mich beraubt!" — wer immer so denkt, dessen Zorn kommt nicht zur Ruhe. Denn nie wird der Zorn durch Zorn gestillt, sondern durch Versöhnlichkeit, — das ist ewiges Gesetz.
Buddha.

Ein unterrichteter Mann bezähme die Rede durch das Herz, und dieses bezwinge er durch die Vernunft.
Yagur-Veda.

Alle fürchten den Stock, alle fürchten den Tod, ein Beweis, dass man nicht schlagen, nicht tödten soll.
Buddha.

Wer zum Vortheil eines Andern oder zu seinem eigenen lebende Wesen tödtet, ja nur ein einziges, der begeht eine Sünde.
Harivansa.

Man kann keine Fleischspeise bekommen, ohne Thieren Schaden zuzufügen, und das Erwürgen der Thiere vertritt den Weg zur Glückseligkeit, daher enthalte dich der Fleischspeise.
Manu.

Man-Sa, d. h. „Fleisch" bedeutet ursprünglich, wie die Gelehrten sagen: „Mich wird das Thier in der nächsten Welt auffressen, dessen Fleisch ich in diesem Leben esse," und so sollte ein jeder Fleischesser sprechen.
Manu.

Der, welcher zu dem Mord eines Thieres seine Einwilligung gibt, der, welcher es umbringt, der, welcher es aus einander haut, der, welcher es kauft, der, welcher es verkauft, der, welcher es zubereitet, der welcher es aufträgt, der welcher es isst, das sind die acht Hauptpersonen des Mordes. *Manu.*

Wer zu seinem eigenen Vergnügen unschädliche Thiere beschädigt, vermehrt seine Glückseligkeit weder im Leben noch nach dem Tode. *Manu.*

Wer blos sich selbst zu Gefallen ein Thier tödtet, wird in der nächsten Welt von Geburt zu Geburt auf die nämliche Art und sovielmal umkommen, als Haare auf dem gemordeten Thiere sind. *Manu.*

Wer dagegen kein Geschöpf mit Willen tödtet oder auch nur einkerkert, sondern das Wohl aller empfindenden Geschöpfe wünscht, der fühlt unendliche Wonne. *Manu.*

IX.

Kreislauf des Lebens. Vergänglichkeit. Tod.

Die Zeit versenkt alle Wesen ins Nichts, und zieht sie wieder ins Dasein. *Harivansa.*

Alles, was zusammengehäuft ist, zerstört zuletzt sich selber; was hoch ist, fällt; was einig ist, löst sich auf; was lebt, muss sterben. *Buddha.*

Alle Menschen sind dem Tod unterworfen.
Harivansa.

Gebornem sicher ist der Tod, Gestorbnem sicher die Geburt; drum über Unvermeidliches musst du nicht trauern. *Bhagavad-Gita.*

Alles Leben ist kurz. *Yagur-Veda.*

Ein einziger Tag im Leben eines Tugendhaften ist mehr werth, als tausend Jahre der Sünde. *Buddha.*

Welche Lust, welche Freude ist in dieser Welt? Siehe die wandelbare Gestalt, den mit Beulen bedeckten, aufgetriebenen, kranken Leib, in welchem keine Festigkeit, kein Bestand ist!.

Vom Alter wird diese Gestalt aufgelöst, die zerbrechliche, das Nest der Krankheiten; der faulende Körper berstet, der Tod ist sein Leben.

Welche Freude gewährt es, diese grauen Gebeine zu sehen, die weggeworfen werden, wie die Kürbisse im Herbst?

„Ich habe Söhne, ich habe Schätze," denkt der Thor, denn er ist nicht einmal seiner mächtig, geschweige seiner Söhne und Schätze.

„Hier werde ich während der Regenzeit wohnen, hier in der kalten und in der heissen Jahreszeit," denkt der Thor, und sorgt, denn er sieht die Hindernisse nicht. Ihn, der um seine Söhne und sein Vieh besorgt ist, den Mann mit gefesseltem Herzen reisst der Tod hinweg, wie der Waldstrom das schlafende Dorf. Nicht Söhne, nicht Vater, nicht Verwandte können ihm helfen; wen der Tod ergreift, den retten die Blutsfreunde nicht.
Buddha.

„Alle Creaturen sind ohne Bestand", wer das erkennt, wird frei im Schmerz; „alle Creaturen sind voll Schmerz," wer das erkennt, wird frei im Schmerz; „alle Creaturen sind ihrer selbst nicht mächtig;" wer das erkennt, wird frei im Schmerz; das ist der Weg, der zur Reinigung führt. *Buddha.*

Nicht in der Luft, nicht in des Meeres Mitte, nicht in der Berge Höhlen dich bergend, nirgends ist ein Fleck im Weltraum, wo der Tod dich nicht erreichte.
Buddha.

Wer all seine Sorge auf seinen Leib verschwendet, der betrachte doch die Gerippe der Todten und frage sich dann, ob der Leib solcher Sorge werth ist?
Buddha.

Wenn man den werthvollen Inhalt aus einem Gefäss genommen hat, die geronnene Milch, die zerlassene Butter, die frische Butter, und nur der Satz noch drinnen übrig ist, und dieses Gefäss zerbricht, dann hat man keinen Grund zu klagen. Gerade so ist es mit dem Körper des Menschen: wenn die guten Werke, welche ihm seinen Werth geben, gethan und vorüber sind, dann muss man nicht klagen, wenn der Körper stirbt.

Wenn aber der Tod gewaltsam das Gefäss des Körpers von hochfahrenden Menschen zerbricht, die sich nicht kümmern um gute Werke, dann verzehrt das Feuer des Vorwurfs ihr Herz, wie wenn man ein Gefäss geronnene Milch zerbricht, dessen werthvoller Inhalt auf diese Art ganz verloren geht. *Buddha.*

Der Tod eines schlechten Menschen ist nicht zu beklagen. *Harivansa.*

Gute und böse Werke folgen dem Menschen nach seinem Tode, gleichwie der Schatten seinem Körper.
Buddha.

Im Tode verlässt dich Alles, Vater und Mutter, Frau und Sohn und Verwandte, nur deine Tugend bleibt dir unzertrennlich. *Manu.*

Durch Reichthum erlangt man nicht die Unsterblichkeit. *Yagur-Veda.*

Die einzige beständige Freundin, welche dem Menschen sogar nach dem Tode folgt, ist die Gerechtigkeit, alle andern verschwinden mit seinem Körper. *Manu.*

Wenn der Mensch gestorben, dann ist er, sagen einige, andere sagen, er ist nicht; — auch von den Göttern ist vormals hierüber gezweifelt worden, denn es ist nicht leicht zu erkennen, es ist ein feiner Punkt.
Yagur-Veda.

III.

Persisch.

I.

Reinheit im Denken, Sprechen und Thun.
Rechtschaffenheit.

Reinheit ist dem Menschen nach der Geburt das Beste. *Yaçna.*

Reinheit ist das beste Gut. *Khorda-Avesta.*

Ich preise die beste Reinheit. *Khorda-Avesta.*

Preis dem reinen Mann! Heil ihm! *Vispered.*

Glücklich jeder Reine, der ist, war und sein wird! *Vispered.*

Preis der ganzen Welt des Reinen! *Vispered.*

Lernet das Reine! Seid guten Lobes würdig! *Khorda-Avesta.*

Glanz mit Reinheit verbunden möge bestehen! *Khorda-Avesta.*

Seid ganz Kraft, seid ganz rein! Alle Kraft, alle Güte möge vorhanden sein! *Khorda-Avesta.*

Ich begehre sehr nach Reinheit, aus Liebe zu meiner Seele. *Khorda-Avesta.*

Seid rein, lebet lange! *Khorda-Avesta.*

Der Reine möge lange leben! *Khorda-Avesta.*

Welches sind die Hauptstücke? Gutes denken, sprechen und Thun. *Yaçna.*

Halte dich rein durch gute Gedanken, Worte und Handlungen! *Vendidad.*

Deinen Körper auch erhalte rein in Gerechtigkeit. *Khorda-Avesta.*

Alles Rühmliche vereinigt sich mit dem reinen Mann durch wahr Denken, Sprechen und Handeln. Durch seine Thaten nehmen die Welten an Reinheit zu. *Yaçna.*

Das im Geist Gedachte, das gute Wissen, die gute Reinheit, die gute Weisheit, die gute Festigkeit — sei gepriesen! *Vispered.*

Befleissige dich guter Thaten! *Vispered.*

Das wollen wir denken, sagen und thun, was das Beste ist unter den Handlungen der Menschen. *Yaçna.*

Gut ist es, wenn man gute Thaten gethan hat. *Vendidad.*

Ich preise die gutgedachten, gutgesprochenen, gutausgeführten Gedanken, Worte und Werke. *Yaçna.*

Die glänzenden Thaten der Reinheit preisen wir.
Yaçna.

Ich preise alle guten Gedanken, Worte und Werke durch Denken, Sprechen und Handeln; ich verfluche alle schlechten Gedanken, Worte und Handlungen hinweg vom Denken, Sprechen und Handeln. *Khorda-Avesta.*

Ich ergreife alle guten Gedanken, Worte und Werke; ich verlasse alle schlechten Gedanken, Worte und Werke.
Yaçna.

Mit allen guten Thaten bin ich in Uebereinstimmung, mit allen schlechten bin ich nicht in Uebereinstimmung. *Khorda-Avesta.*

Alle guten Gedanken, Worte und Handlungen mögen nach dem Paradiese führen; alle schlechten Gedanken, Worte und Handlungen nach der Hölle!
Khorda-Avesta.

Auch im Kleinen begehrt der gute Mensch nach dem Reinen; im Grossen, wenn er vermag, der Böse nach dem Schlechten. *Yaçna.*

Das Gesetz, das von Ormuzd geschaffen, die Geradheit und Rechtschaffenheit nehme ich zur Richschnur.
Khorda-Avesta.

Preis der Rechtschaffenheit! *Vispered.*

Ich beharre in der Rechtschaffenheit und reinem Wandel. *Khorda-Avesta.*

Haltet bereit Füsse, Hände und Verstand zur Vollbringung guter Handlungen nach dem Gesetz und dem Gebot, zur Vermeidung ungesetzlicher, verbotener, schlechter Handlungen. *Vispered.*

Ich bleibe fest stehen auf den Satzungen des guten Gesetzes; so lange das Leben meiner Lebenskraft währt, bleibe ich fest bestehen auf guten Gedanken in meinem Geist, auf guten Worten in meinen Reden, auf guten Thaten in meinen Handlungen.
Khorda-Avesta.

Was das Schönste, was rein, was unsterblich ist, was glänzend, alles, was gut ist, den guten Geist verehren wir, das gute Reich und das gute Gesetz, und die gute Herrschaft, und die gute Weisheit. *Yaçna.*

Die Lehren, die vortrefflichen, führt aus der Verständige in Freud und Leid. *Yaçna.*

Wenn ich meinen Leib der Seele wegen hingeben muss, thue ichs mit Ergebung. *Khorda-Avesta.*

Ich beharre in dieser Lehre und wende mich nicht ab von ihr, weder eines guten Lebens willen, oder eines längeren Lebens willen, noch um Herrschaft, noch um Reichthum, — aus Liebe zur Reinheit. *Khorda-Avesta.*

Fürs Gute bin ich dankbar, in das Schlimme ergebe ich mich. *Khorda-Avesta.*

Die Vollkommenheit der Seele preisen wir.
Khorda-Avesta.

II.

Bekämpfung des Bösen. Wahrheit. Weisheit. Einzelne Fehler und Laster. Reue. Vergebung.

Die guten Thaten mögen zunehmen, die Sünde möge von Grund aus zu nichte werden! Die Welt möge gut sein, der Himmel möge gut sein, die gute Reinheit möge zunehmen! *Khorda-Avesta.*

Die Sünde möge tausendmal geschlagen sein.
Khorda-Avesta.

Wendet euch nicht von den drei besten Dingen: dem guten Denken, Sprechen oder handeln!
Wendet euch ab von den drei schlechten Dingen: dem schlechten Denken, Sprechen oder Handeln!
Vendidad.

Begehe aus Scham keine Sünde. *Khorda-Avesta.*

Gesundheit ist nöthig die ganze Länge des Lebens hindurch. *Khorda-Avesta.*

Langer Schlaf, o Mensch, ziemt sich nicht für dich.
Vendidad.

Wer zuerst aufsteht, der kommt ins Paradies.
Vendidad.

Wenn ich Unreinigkeit gegessen, mit Unreinem mich besudelt, Unreines begraben, Unreines zu Wasser oder Feuer, oder Wasser und Feuer zu Unreinem gebracht habe, ich bereue es. *Khorda-Avesta.*

Wenn ich meine Füsse besudelt habe, so bereue ich es. *Khorda-Avesta.*

Wenn ich die Erde nicht rein und bebaut erhalten habe, wenn ich fruchtbares Land öde gemacht, oder ödes Land nicht fruchtbar gemacht, wenn ich das Land, das unter meiner Obhut war, übel behandelt habe, so bereue ich es. *Khorda-Avesta.*

Ich erhalte rein für mich selbst das nützliche Thun, und die Enthaltsamkeit vom Unnützen. *Khorda-Avesta.*

Mach' deine Zunge zum Weg des Verstandes.
Yaçna.

Die falschen Gebete tödten durch ihre Lehren den Geist des Lebens. *Yaçna.*

Schlechte Wahl hat der Böse mit der Zunge getroffen. *Yaçna.*

Preis dem rechtgesprochnen Worte! *Vispered.*

Die rechtgesprochne Rede ist in Versammlungen am. siegreichsten. *Khorda-Avesta.*

Vor einer Versammlung sprich nur reine Worte. Vor den Königen sprich mit Mass. *Khorda-Avesta.*

Preis der Weisheit! *Vispered.*

Ich wünsche, dass der Weise glücklich, der Wahrhaftige gesegnet sein möge! *Khorda-Avesta.*

Die richtigste Weisheit, die reine preisen wir. *Khorda-Avesta.*

Hinweg mögen sein die Betrüger! *Yaçna.*

Erwerbe dir Vermögen in Rechtschaffenheit. *Khorda-Avesta.*

Wer dem Mann, der ihm etwas geliehen, es nicht zurückgibt, ist ein Dieb, ein Räuber. *Vendidad.*

Raube nicht das Vermögen Anderer; enthalte dich der Frauen Anderer. *Khorda-Avesta.*

Sei nicht gierig, hege nicht schlechten Neid, sei nicht übermüthig, begegne Niemand verächtlich. *Khorda-Avesta.*

Einem Gierigen sei kein Genosse! *Khorda-Avesta.*

Mit dem Uebelberufenen gehe keine Verbindung ein. *Khorda-Avesta.*

Der ist ein Schlechter, der für den Schlechten der Beste ist. Der ist rein, dem der Reine freundlich ist.
Yaçna.

Mit einem Unklugen lasse dich nicht auf gemeinschaftliches Handeln ein. *Khorda-Avesta.*

Alle und jede Sünde, die meinetwegen unter den Menschen begangen wurde, oder die ich der Menschen wegen begangen habe, bereue ich. *Khorda-Avesta.*

Alle schlechten Thaten bereue ich. *Korda-Avesta.*

Alle schlechten Gedanken, schlechte Worte, schlechte Handlungen, die ich in der Welt gedacht, gesprochen, gethan habe, die mir zur Natur geworden sind, diese Sünden, Gedanken, Worte oder Werke, körperliche, geistige, irdische, himmlische, — ich bereue sie.
Khorda-Avesta.

Alles, was ich hätte denken sollen, und nicht gedacht habe, was ich hätte sprechen sollen, und nicht gesprochen habe, hätte thun sollen, und nicht gethan habe, — bereue ich. *Khorda-Avesta.*

Alles, was ich nicht hätte denken sollen, und doch gedacht habe, was ich nicht hätte sprechen sollen, und doch gesprochen habe, was ich nicht hätte thun sollen, und doch gethan habe, — bereue ich. *Khorda-Avesta.*

Betrug, Lüge, Hochmuth, Verachtung, Spott, Rachsucht und Gierde — bereue ich. *Khorda-Avesta.*

Unrichtiges Denken, unrichtiges Sprechen, unrichtiges Handeln, und unrichtiges Fragen, Voraus- und Nachsprechen ohne Grund, Diebstahl, Lüge, falsches Zeugniss, gewaltsames Richten, Unverschämtheit, Stolz, Undankbarkeit, Spott, Unersättlichkeit, Selbstüberhebung Ungehorsam gegen das Gesetz, Streitsucht, Hartherzigkeit, Zornmüthigkeit, Rachsucht, Neid, übermässige Trauer, Billigung der Sünde, Misbilligung einer guten That, Freundschaft mit Sündern, Feindschaft mit den Guten, Eigensinn, Zauberei, Sünden mit Frauen, Knaben- oder Vieh-Unzucht, — ich bereue sie. *Khorda-Avesta.*

Wenn ich Menschen geschlagen, beleidigt, mit Worten verletzt habe, wenn ich die Reinen verletzt, wenn ich Gaben vorenthalten die mir zu geben gebührten, wenn ich einem Fremden, der in die Stadt kam, keinen Platz eingeräumt, wenn ich die Menschen vor dem Feuer, der Kälte und Hitze nicht in Acht genommen, den Menschen Böses gethan habe, Denen, die unter meiner Botmässigkeit standen, mit Bösem vergolten, ihnen nicht Liebe und Güte bewiesen habe, — ich bereue es.
Khorda-Avesta.

Hochmuth, Aufgeblasenheit, Gierde, Lästerung Todter, Zornmüthigkeit, Neid, böses Auge, Unverschämtheit, das Anblicken mit böser Absicht, das Anblicken mit böser Begierde, Hartnäckigkeit, Unzufriedenheit mit meinem Schicksal, Eigenwilligkeit, Faulheit, Missachtung Anderer, Einmischung in fremde Angelegenheiten, Unglauben, Auflehnung gegen die göttlichen Mächte, falsches Zeugniss, falsches Urtheil, Götzendienst, Diebstahl, Raub, Hurerei, Zauberei, Verehrung der Zauberer, Unzucht,

Unzucht mit Knaben, Ausraufen der Haare wegen eines Todten, sowie alle übrigen Sünden — bereue ich.

Khorda-Avesta.

Meine Sünden, die ich gegen Vater, Mutter, Schwester, Bruder, Weib, Kind, Verwandte, Stammgenossen, Hausgenossen, Freunde und andere nahe Anverwandte begangen habe, ich bereue sie.   *Khorda-Avesta.*

Die Sünde gegen Vater, Mutter, Schwester, Bruder, Weib, Kind, gegen den Gatten, den Vorgesetzten, die eigene Verwandtschaft, die Mitlebenden, gegen die, welche gleiches Vermögen besitzen, gegen die Nachbarn, die Bewohner derselben Stadt, die Diener, jede Ungerechtigkeit durch die ich unter die Sünder gekommen bin, diese Sünden bereue ich mit Gedanken, Worten und Werken, körperliche wie geistige, irdische wie himmlische.

Khorda-Avesta.

Durch jede gute Handlung suche ich Vergebung für meine Sünden.   *Khorda-Avesta.*

Gute Werke vollbringe ich, soviel als nöthig, um meine Sünden zu sühnen; das Uebrige aus Freude und Liebe zur Reinheit.   *Khorda-Avesta.*

Des Lohnes der guten Thaten, der Verzeihung der Sünden wegen thue ich das Reine, aus Liebe für die Seele.   *Khorda-Avesta.*

Wer seine Gesinnung bessert, und reine Thaten verrichtet, der handelt nach dem Gesetz mit Wort und That, ihm wird Glück zu Theil nach Wunsch und Willen.

Yaçna.

III.

Familie. Staat. Liebevolles Verhalten gegen Menschen, Thiere und Pflanzen.

Deine Mutter beleidige auf keine Weise!
Khorda-Avesta.

Haltet gute Freundschaft mit Freunden, Brüdern, Frau und Kindern, wie Leib und Seele zusammenhalten.
Khorda-Avesta.

Seid glänzend wie die Sonne, rein wie der Mond, seid fruchtbar wie die Erde! *Khorda-Avesta.*

Von den Voreltern erbe den guten Namen fort.
Khorda-Avesta.

Dem besten Herrscher gehöre das Reich! *Vispered.*

Möge alle Kraft besitzen der Herrscher, der gute Thaten verrichtet! *Khorda-Avesta.*

Ich wünsche, dass der Weise ein Herrscher, der Unweise kein Herrscher sein möge! *Khorda-Avesta.*

Gute Könige mögen über uns herrschen, mit Thaten der guten Weisheit, schlechte Könige mögen nicht über uns herrschen! *Yaçna.*

Die schlechten Herrscher mögen ferne sein!
Khorda-Avesta.

Ich wende mich ab von denen, die nach eigener Willkür handeln, und die schlechten Bedrücker ihres Landes sind. *Yaçna.*

Die schlechten Reiche erlöschen durch ihre Bosheit. *Yaçna.*

Bei den Herrschern sprich die Wahrheit, und sei gehorsam. *Khorda-Avesta.*

Wer die Zerreissung des Reiches wünscht, gehört in die Wohnung des schlechtesten Geistes, als dem Verderber dieser Welt. *Yaçna.*

Heil sei dem Mann, der zum Heil gereicht für Jeden! *Khorda-Avesta.*

Ich wünsche Gutes für jedes Lebendige. *Khorda-Avesta.*

Theil möge haben an den guten Werken die ganze Welt. *Khorda-Avesta.*

Gewähret Hülfe dem Hülflosen! *Vispered.*

Wenn ich den Armen nicht geholfen, — ich bereue es. *Khorda-Avesta.*

Lasse dich in keinen Streit ein mit einem rachsüchtigen Menschen. Mit einem Grausamen gehe nicht auf einem Wege. Mit Verwirrten meide das Hadern! *Khorda-Avesta.*

Sei nicht grausam. Sei nicht zornmuthig. Peinige
nicht. *Khorda-Avesta.*

Vertreibet den Zorn, vertreibet den Hass! *Yaçna.*

Preis dem Hören und Verzeihen! *Vispered.*

Mit den Freunden gehe um, wie es Freunden angenehm ist. *Khorda-Avesta.*

Bei den Freunden sei bescheiden, klug und wohlwollend. *Khorda-Avesta.*

Wenn ich den Menschen nicht Freundschaft erwiesen habe, so bereue ich es. *Khorda-Avesta.*

Mit dem Gegner kämpfe in gerechter Weise.
Khorda-Avesta.

Sünde ist es, wenn Jemand einem Hunde, der für das Vieh oder das Dorf gehört, nicht zu benagende Knochen oder heisse Speisen hinstellt. *Vendidad.*

Sünde ist es, wenn Jemand eine trächtige Hündin schlägt, sie scheucht, sie in Furcht jagt, oder hinterher in die Hände schlägt. *Vendidad.*

Wenn ich ein Thier geschlagen, gequält, mit Unrecht getödtet, wenn ich ihm Futter und Wasser nicht zur rechten Zeit gegeben, wenn ich es verschnitten, vor dem Wolf, dem Räuber und Wegelagerer nicht geschützt, wenn ich es vor übermässiger Wärme und Kälte nicht bewahrt, wenn ich Rinder von jugendlicher Kraft getödtet, arbeitende Rinder, kriegstüchtige Pferde, Widder, Ziegen, Hähne und Hühner getödtet habe, so bereue ich es. *Khorda-Avesta.*

Wenn ich junge Bäume umgeschnitten, wenn ich unreife Früchte gesammelt, so bereue ich es.
Khorda-Avesta.

IV.
Letzter Wunsch.

Unsterblichkeit ist der Wunsch der Seele des Reinen.
Yaçna.

IV.

Griechisch.

I.

Vernunft, die Führerin zur Tugend. Das Gute und Böse. Das Glück der Tugend.

Strebe nach Vortrefflichkeit, und suche sie zu erwerben. *Solon.*

Mache die Vernunft zu deiner Führerin. *Solon.*

Der gesunden Vernunft entsprechend müssen wir handeln. *Aristoteles.*

Nie im Leben entziehe dich dem Gebot der Vernunft. *Pythagoras.*

Weisheit und Tugend sind unser bester Schutz, jeder andere ist schwach und unbeständig. *Pythagoras.*

Das Schlimmste ist, wenn wir die bessere Natur in uns verleugnen. *Sophocles.*

Gerecht und gut sein ist mir angeboren,
Ich will es sein, will' es mir selbst zu lieb.
Euripides.

Guten Sinnes sein ist der Götter grösstes Geschenk.
Aeschylos.

Gib Vater, dass ich tugendhaft sei,
Reinen Wandels, reiner Hand! *Aeschylos.*

Unrecht handeln ist dem Weisen Schmach.
Aeschylos.

Befördere nicht das Böse! *Thales.*

Lasst uns so leben, dass wir das Vergangene nicht bereuen. *Epicur.*

Meide das zu thun, um dessenwillen du Andere tadeln würdest. *Thales.*

Es ist verbrecherisch, das Unrecht nicht nur zu thun, sondern auch nur es zu wünschen. *Democrit.*

Wer einmal Böses that, den treibt es
Zu neuem unaufhaltsam fort. *Sophocles.*

Wer sich bewusst ist, dass er Unrecht handle,
Dem flösst die Hoffnung keinen Muth ins Herz.
Sophocles.

Die beste Lebensweise ist, in Uebung der Gerechtigkeit und jeder andern Tugend leben, und sterben. Dieser wollen wir darum folgen, und auch Andere dazu aufrufen. *Plato.*

Was aus der Tugend stammt, ist schön und gut.
Socrates.

Das Unschönste ist die Schlechtigkeit der Seele.
Plato.

Das Göttliche ist das Schöne, Weise, Gute, und was dem ähnlich ist. *Plato.*

Das Gute und Gerechte ist schön, sofern es gut und gerecht ist. *Plato.*

Schön und gerecht leben ist gut leben. *Plato.*

Thoren ihr Alle, die ihr mit äusserer Schönheit euch brüstet,
Nur wer gut ist, der ist wirklich auch schön zugleich.
Sappho.

Das Gute siege sonder Schwanken, voll und ganz.
Aeschylos.

Recht gethan ist besser als klug gethan. *Sophocles.*

Besser, ein edles Thun misslingt,
Als dass ein schlechtes den Sieg gewinnt.
Sophocles.

Ziel meines Lebens sei:
Fromme Reinigkeit in Wort und jeder That
Mir zu bewahren, treu den ew'gen Rechten,
Die aus des Himmels Höh'n herniedersteigen.
Sophocles.

So hoch nicht, acht' ich ein Gebot von Menschen,
Dass ich ihm mehr gehorchte, als den hohen,
Unwandelbaren, ungeschriebenen
Der Götter, die von heute nicht und gestern,
Die ewig sind. Lieber von Menschen Strafe,
Als Zorn und Strafe von den Göttern. *Sophocles.*

Nur wer die Götter fürchtet, thut recht in Worten und Thaten. *Theognis.*

Thue nichts Unanständiges, auch wenn du allein bist.
Democrit.

Was vor züchtigen Ohren dir laut zu sagen erlaubt sei?
Was ein züchtiges Herz leise zu thun dir erlaubt.

. . . . . .

Wer ohne Tadel erscheint, er selbst, und Untadliches ausübt,
Dessen Ruhm wird weit von den Fremdlingen ausgebreitet
Ueber die Menschen der Welt, und mancher nennt ihn den
Guten. *Homer.*

Fern bleib' immer von mir,
Fern unredlicher Sinn, Zeus!
Vater! Auf schlichten Pfaden des Lebens
Lass mich wandeln, dass ich
Nicht im Tod noch schmählichen Nachruf
Lasse den Meinen!
Mögen Andre um Gold, um reiche Felder
Flehen, — ich flehe nur eins:
O lass mich, bis meine Glieder
Decket die Erde, meiner Bürger Freude
Sein, das Gute preisend, das Schlechte verachtend.
Pindar.

Frommen Häusern erblüht
Ein Kindersegen des Glückes. *Aeschylos.*

Die Tugend genügt sich selbst zur Glückseligkeit.
Zeno.

Das reichste und edelste Vergnügen ist das, welches ein guter Mensch aus tugendhaften Handlungen schöpft.
Aristoteles.

O, Tugend, höchster Preis des Lebens,
Nach dem die Menschen ringen,
Für deine Schönheit selbst zu sterben,
Ist ein beneidenswerthes Schicksal!
Du lenkst den Sinn dem Höchsten, dem Herrlichsten zu,
Unsterbliche du, vor deren Glanz des Goldes Werth
Und edles Geschlecht, und das Schönste erblasset!
Aristoteles.

Der Tugend Preis und Zweck muss etwas ganz Gutes, Göttliches und Seliges sein. *Aristoteles.*

Die der Tugend angemessenen Handlungen erregen an sich allein schon Lust. *Aristoteles.*

Um tugendhaft zu werden, muss der Mensch gut erzogen und gut gewöhnt sein, ferner muss er mit sittlich tüchtigen Aufgaben sich beschäftigen, und weder freiwillig noch unfreiwillig etwas Unsittliches thun.
Aristoteles.

II.

Weisheit. Wissen. Selbsterkenntniss. Selbstbeherrschung. Mässigung. Besonnenheit.

Tugend und Weisheit sind unzertrennlich. *Socrates.*

Alles, was ich mir wünsche, das bist du, göttliche Weisheit,
Die das Gemüth mir stärkt, und den Wahn der Meinungen wegtreibt,
Die mir das Ohr dem Nichtgen verstopft und das Herz mir reinigt
Von aller Leidenschaft, — so lebend fürcht' ich den Tod nicht. . . . .

Selig, dem es, wenn auch erst im hohen Alter, gelingt, zur Weisheit und zu richtigen Vorstellungen zu gelangen. *Plato.*

Es bleibet Weisheit Greisen auch zu lernen schön.
Aeschylos.

Das Erste, o Mensch, zum Baue des Glücks
Ist: weise sein. Vor den Göttern vergiss
Die Ehrfurcht nie. Das verwegene Wort,
Wenn unter des Schicksals Wucht du es büssest,
Lehrt weise zu sein noch im Alter. *Sophocles.*

Weisheit stehet weit höher als Kraft der Männer und Rosse. *Xenophanes.*

Gemein ist Glück, Weisheit der Weisen Eigenthum.
Aeschylos.

Arme Seele, wie lang', o wie lange willst du den leeren
Hoffnungen fliegen nach, unter die Wolken hinauf?
Kalte Wolken und leere Träume jagen einander,
Geben den Sterblichen nichts, nichts sie Beglückendes
hier.
Komm herunter und suche der Weisheit Gaben. Der Eitle
Hasche den leeren Wind, der nur die Leeren beglückt.
Krinagoras.

Gold und Silber machen die Menschen um nichts
besser, aber die Lehren weiser Männer bereichern diejenigen mit Tugend, welche in ihrem Besitz sind.
Socrates.

Jedes Land steht einem Weisen offen, denn er ist
ein Bürger der Welt. *Democrit.*

Tief in Dunkel verhüllt liegt sterblichem Blick der Erkenntniss
Mass, das allein doch nur jegliches Höchste begreift.
Solon.

Weis' ist Einer durch den Andern nur,
Und was alt, wird wieder neu. Denn so leicht ist's nicht,
Ungedachter Gedanken Spur zu finden . . . . .

Der Götter höchste Gab' ist der Verstand. *Sophocles.*

Das Wissen ist der beste Schutz für das **Alter**.
Aristoteles.

, Es ist besser, arm sein, als unwissend, denn dem Armen fehlt nur das Gold, dem Unwissenden aber der unterscheidende Charakter der menschlichen Natur.

Aristippos.

Verstand und Klugheit sind die besten Seher.

Euripides.

Unwissenheit ist unerträglich. *Thales.*

Ruhm und Bewunderung wird den Einsichtsvollsten zu Theil, Schande und Verachtung den Unwissendsten.

Socrates.

Nicht hoher Wuchs und breite Schultern sind
Des Sieges sicher, sondern Klugheit. *Sophocles.*

˙Nur wer das Nützliche, nicht wer viel weiss, heisse klug. *Aeschylos.*

Alles, sprichst du, weiss ich; d'rum bist du ein Stümper
   in Allem,
Weil du von Allem geschmeckt, hast du Selbsteigenes
   nichts. . . . . .

Wer sich allein nur für den Klugen hält,
Der irret oft am meisten; selbst der Weiseste
Braucht sich zu schämen nicht, noch mehr zu lernen.

Sophocles.

Bisweilen irret auch der Weisen Weisester.

Aeschylos.

Nicht ist's einerlei,
Ob man Vermuthung blos, ob Wahrheit meldet. *Sophocles.*

Herrscherin Wahrheit, du Anfang grosser Tugend!
Pindar.

Wahrheit bleibt Wahrheit, auch wenn weh sie thut'
Euripides.

Ein andres ist vermuthen, andres, klar sehn.
Aeschylos.

Glaube nicht Alles. *Thales.*

Es wird gar viel gefabelt. *Euripides.*

Gottlos sein, heisst nicht, den Unwissenden die Götter wegnehmen, die sie haben, sondern diesen Göttern die Meinungen der Menge beilegen. *Epikur.*

Die Einen achten weder Tempel noch Altar, noch sonst etwas Göttliches, und die Andern erweisen sogar den gemeinsten Steinen und Holzklötzen und gewissen Thieren göttliche Verehrung. *Socrates.*

Nicht die Grösse der Opfer bestimmt ihren Werth, sondern die Gesinnung des Darbringenden. *Socrates.*

Erkenne dich selbst! *Socrates.*

Wer sich selbst kennt, weiss, was für ihn gut ist, und kennt die Grenze, wie weit seine Kräfte reichen und wie weit nicht. *Socrates.*

Der grösste Theil geht darauf aus, in die Angelegenheiten Anderer hineinzusehen, und denkt nicht daran, sich selbst zu prüfen. Versäume dies ja nicht; strenge vielmehr alle deine Kraft an, auf dich selbst Acht zu haben. *Socrates.*

Niemals möge der Schlaf auf die Augenlider dir sinken,
Ehe die Werke des Tag's du zuvor noch dreimal gemustert:
„Wo ist gefehlt? Was gethan? Was unpflichtmässig versäumet?"
Also fange vom Ersten du an und geh' bis zum Letzten.
Findest du Schlechtes gethan, dann erschrick; doch freu' dich des Guten.
Dieses sei Arbeit allein; diess Sorge dir, dieses nur liebe,
Diess wird dich auf die Spur der göttlichen Tugend geleiten. *Pythagoras.*

Kein Mensch ist für seine Person vollkommen.
Herodot.

Kein Sterblicher ist, der das Leben in Ruh hinbringt, und jeglicher Schuld frei. *Aeschylos.*

Alles Gute und Edle ist Gegenstand der Uebung.
Xenophon.

Es fehlt der Mensch in gutem Streben oft.
Sophocles.

Verschwören soll der Mensch sich nimmermehr,
Denn unsern Vorsatz straft die Zeit oft Lügen.
Sophocles.

Man muss von Jugend auf geleitet sein, um über dasjenige Lust und Unlust zu empfinden, worüber man beides empfinden soll; denn das ist die wahre Erziehung.
Plato.

Es ziemt, den Fehltritt wieder gut zu machen.
Sophocles.

Redlichen öffnen die Götter ihr Heilthum; keiner Entsühnung
Brauchts; denn Flecken der Schuld hängen der Jugend nicht an.
Aber wer Böses gedenkt im verderblichen Busen, entweiche!
Leibliche Reinheit wäscht nimmer die Seele von Schuld.
Rein nur darfst du die Schwelle des duftenden Tempels beschreiten;
Aber ich nenne dich rein, bist du nur heilig gesinnt.
Lukillios.

Sorget mehr, dass ihr die Flecken eures Geistes beseitiget, als die eures Gesichtes. *Thales.*

Lerne und lehre das Bessere. *Thales.*

Besser kann wohl Niemand leben, als wer am meisten sich angelegen sein lässt, immer besser zu werden, und Niemand zugleich angenehmer, als wer am lebhaftesten fühlt, dass er wirklich besser wird. *Socrates.*

Nichts gewährt so grosses Vergnügen, als das Bewusstsein, selbst besser zu werden, und auch seine Freunde besser machen. *Socrates.*

Das Rechte thun, dazu ist's nie zu spät. *Sophocles*

Zu spät erkennt der Mensch das Richtige.
Sophocles.

Siehe, das Böse vermagst du im Uebermass zu gewinnen
Ohne Bemühn; denn kurz ist der Weg, und nahe
dir wohnt es.
Vor die Trefflichkeit setzten den Schweiss die unsterblichen Götter.
Lange windet und steil die Bahn zur Tugend sich
aufwärts,
Und sehr rauh im Beginn; doch wenn du zur Höhe
gelangt bist,
Leicht dann wird sie hinfort und bequem, wie schwer
sie zuvor war. *Hesiod.*

Unerklimmbar wohnt auf steilen Klippen die Tugend,
Hochgefeiert von heiliger Jungfrau'n Sang.
Keines Sterblichen Blick mag sie erspähen,
Noch ihr nahen, wenn nicht Mühe und Schweiss
Und des Mannes höchster Muth ihn emporhebt.
Simonides.

Es ist schwer tugendhaft zu sein, denn die Mitte in jedem Ding zu treffen, ist schwer. *Aristoteles.*

Das rechte Mass ist die Mitte zwischen dem Zuviel und Zuwenig. *Aristoteles.*

Die Selbstbeherrschung und der Muth gehen am Zuviel und am Zuwenig zu Grunde, aber sie werden erhalten durch das rechte Mass. *Aristoteles.*

Der sich Selbstbeherrschende gehorcht den Forderungen der gesunden Vernunft. *Aristoteles.*

Dadurch, dass wir uns manche Lust versagen, gewinnen wir die Selbstbeherrschung. *Aristoteles.*

Meide jedes Uebermass! *Kleobulos.*

Weit mehr hat als der Hunger, die Sättigung Männer vertilget,
Deren Begierde nicht g'nügt' an beschiedenem Theil.
Theognis.

Unmässigkeit ist schädlich! *Thales.*

Mässigung ist jene besonnene Regelung unserer Wünsche und Leidenschaften, welche uns in Stand setzt, Vergnügen ohne darauf folgenden Schmerz zu geniessen.
Epicur.

Wer jede Lust geniesst und keine sich versagt, wird zuchtlos, wer dagegen jede flieht, wie die kopfhängerischen Leute, der wird stumpfsinnig. *Aristoteles.*

Selbstbeherrschung ist die Grundlage aller Tugend.
Socrates.

Die Selbstbeherrschung ist die Quelle des höchsten Vergnügens. *Socrates.*

Wer seine Leidenschaften besiegt, ist ein grösserer Held, als wer einen Feind überwindet. *Democrit.*

Unfrei ist, wer sich selbst nicht zu beherrschen vermag. *Socrates.*

Wer sich von den sinnlichen Lüsten beherrschen lässt und dadurch abbringen, das Beste zu thun, der ist nicht frei. *Socrates.*

Siehst du nicht, dass die Genusssucht den Menschen von der Weisheit, dem grössten Gut, entfernt halte, und ihn dafür ins Gegentheil stürzt? *Socrates.*

Was hat ein Mensch, der gar keine Gewalt über sich hat, vor dem unverständigsten Thier voraus? *Socrates.*

Der grosse Haufe, die gemeinsten Naturen, scheinen das höchste Gut und die Glückseligkeit nicht ganz ohne Grund in die **Lust** zu setzen, wesswegen diese Leute auch das Leben des Genusses vorziehen. Dieses Leben, das der grosse Haufe in seinem knechtischen Sinn sich erwählt, ist offenbar ein thierisches. *Aristoteles.*

Auch dein leibliches Wohl ist werth sorgfältiger Achtung:
Drum halt' Mass in Speise und Trank, in gymnastischer Uebung,
Mässige dich, das heisst, treib's nie zur herben Erschlaffung.
Reinlich sei du gewöhnt im Leben, und sonder Verschwendung,
Dabei hüte dich wohl vor Allem, was Neid dir erreget,
Dass du nicht Aufwand machst zur Unzeit, noch dass du geizest,
Denn das Mass ist in Allem das Beste. *Pythagoras.*

Lerne beherrschen dich selbst, deinen Bauch, den Schlaf,
．　　　　　　　　　　　die Geschlechtslust,
Bändige deinen Zorn, üb' nie mit Andern Unsittliches,
Nie auch allein, und vor Allem zumeist hochachte dich
　　　　　　　selber!　*Pythagoras.*

Ach, dass die Menschen nimmer doch begreifen,
Dass aller Güter höchstes die Besonnenheit,
Und dass die Thorheit aller Uebel grösstes! *Sophocles.*

Wer nichts selber bedenkt, auch nicht des Anderen Rath-
　　　　　　　　　　　spruch
Sich zu Gemüthe nimmt, der Mann ist eitel und unnütz.
　　　　　　　　　　　　　　　　Hesiod.

　　Halte nicht
Den Eigensinn für besser als Besonnenheit.
　　　　　　　　　　　　　　Aeschylos.

　　Das Leben eines Thoren ist freudlos.　*Epikur.*

　　Zwischen dem Weisen und dem Thoren ist ganz derselbe Unterschied, wie zwischen einem Lebenden und einem Todten.　　　　　　*Aristoteles.*

　　Das ist der rechte Mann, der im Rath furchtsam ist, und jedes Unglück bedenkt, der aber, wenn's zum Handeln kommt, sich wacker hält.　*Herodot.*

Langsam gehe dir, Freund, die Freundin Entschliessung
　　　　　　　　　zur Seite,
Eilt sie voran, so holt bald auch die Reue dich ein.

Der Allzurasche wird am ersten straucheln.
Sophocles.

Thorheit ist's, das Unmögliche versuchen.
Sophocles.

Eh' du was thust, rathschlage zuvor, damit es nicht dumm wird.
Nur ein erbärmlicher Wicht ist läppisch in Wort und in Handlung;
Drum vollführe nur das, was in Zukunft nie dich gereun wird,
Treibe auch nie, was nicht du verstehst, doch lasse dich lehren,
Was du bedarfst, — und freudiger wird dir das Leben verfliessen. *Pythagoras.*

Wer sich verstockt gegen Vernunft und Rath
Der gleicht dem Schiffer, der das Segeltau
Zu straff anspannt, — der Sturm zerreisst es, stürzt
Das Fahrzeug um, und treibt ihn rettungslos
Von dannen. *Sophocles.*

Mehr nützt weiser Bedacht, als unbehilflicher Sinn.
Theognis.

Bei Allem, was du thust, lerne bedenken das Ende.
Solon.

Thue nur das, was nimmer dich kränkt, und denke zuvor nach. *Pythagoras.*

Brauche beim Handeln das Mass, brauche beim Reden den Zaum! . . . .

Prahlet nicht mit euern Vorhaben, ehe ihr sie ausführt, denn sie könnten vereitelt und ihr ausgelacht werden. *Pittakos.*

Denke, ehe du sprichst. *Bias.*

Wünsche mehr zu hören, als zu reden! *Kleobulos.*

Ungezähmt sei nie deine Zunge, nie deine Begier
Gesetzlos, — denn am Ende harret das Leid dein!
Weisheit aber und wahre Frömmigkeit
Sie erfasst nie der Sturm, nicht wankend
Stehen sie beide. *Euripides.*

III.
Recht. Gerechtigkeit. Rechte Thätigkeit. Pflicht. Ehre. Muth.

Jagen nach Weisheit ist höchste der Wonnen mir;
Aber vor Allem fördert am meisten dies
Das Glück des Lebens, wenn du Tag und Nacht
Dich dem Heiligen weihst,
Die Götter ehrend, verbannend Alles,
Was sich empört wider das Recht.
Erschein' o Recht, erscheine schwertbewehrtes Recht!
Euripides.

Scheue stets den Altar des Rechtes,
        Nimmermehr
Tritt ihn, Gewinn zu erspähen, mit frevlem Fuss!
Aeschylos.

Der weise und gerechte Mann
Trotz allen Leids ist nie den Göttern Feind. *Aeschylos.*

Uebe Gerechtigkeit stets mit Fleiss in Worten und Werken. *Pythagoras.*

Man darf unter keinen Umständen ungerecht handeln.
Plato.

Von meiner Pflicht kann Niemand mich entbinden.
Sophocles.

Unrecht thun ist schlimmer, als Unrecht leiden.
Plato.

Gerechtigkeit ist die Tugend, Jeden nach seinen Verdiensten zu behandeln. *Aristoteles.*

Gerechtigkeit schliesst in sich die Beobachtung der Gesetze zur Erhaltung der Gesellschaft und die gleiche Vertheilung der Verpflichtungen. *Aristoteles.*

Was auch sage die Welt, thu' immer, was du für recht hältst. *Theognis.*

Achte nichts höher, auch nicht das Leben, als was gerecht ist. *Plato.*

Um Recht fleh' ich für freches Unrecht.
Aeschylos.

Thu' was Gerechtigkeit heischt, doch lass mir ganz
von Gewalt ab!
Fische des Meeres und Thiere der Flur und beschwingete
Vögel
Mögen einander fressen, bei ihnen waltet das Recht nicht,
Aber dem Menschen ward als das Höchste das Recht gegeben.
Hesiod.

Wer Gerechtigkeit übt gegen Heimische wie gegen Fremde,
Immer gerade aus, nicht weichend vom Pfade des Rechts,
Denen gedeihet die Stadt, und in ihr blühet das Volk auf,
Friede ernährt die Jugend, und fern bleibt Jammer des
Kriegs. *Hesiod.*

Frevler Sinn erzeugt empörenden Stolz,
Gerechter Sinn erzeuget Segen. *Aeschylos.*

Wie kann ein Mensch, der nichts mehr scheut, gerecht sein? *Aeschylos.*

Der, welcher Recht hat, darf sein Haupt erheben.
Sophocles.

Gerechtem Mann ist die Zeit der beste Retter.
Pindar.

Gerechter Sache leihen die Götter Sieg.
Euripides.

Des Schwachen Recht besieget auch den Mächtigen.
Sophocles.

Wo Kraft sich mit dem Recht verbindet,
Welch andres Bündniss kann gewalt'ger sein?
Aeschylos.

Auch aus der Vorzeit stehen Diejenigen, welche Ungerechtes sich erlaubten, nicht in demselben Licht bei der Nachwelt, wie Die, welche Ungerechtes erduldeten.
Socrates.

Thue, was du für recht hältst, und kümmre dich nicht um das, was die Menge von dir denkt; verachtest du ihr Lob, so verachte auch ihren Tadel. *Pythagoras.*

Nicht Gefahr um Leben oder Sterben darf der Mann in Anschlag bringen, wenn er etwas thut, sondern vielmehr einzig darauf muss er sehn, ob es gerecht oder ungerecht sei? *Plato.*

Unwürdig ist, mit leerer Hoffnung nur
Das Leben fristen. Nein, der rechte Mensch
Will edles Leben oder schönen Tod. *Sophocles.*

Gerechtigkeit betrachtet den Menschen als ein Glied der Gesellschaft, und ist das gemeinsame Band, ohne das keine Gesellschaft bestehen kann.

Diese Tugend erhält, wie jede andere, ihren Werth von dem Bestreben, das Glück des Lebens zu befördern.

Sie bringt dem, der sie übt, nicht nur keinen Nachtheil, sondern sie nährt in seinem Geist friedliche Betrachtungen und angenehme Hoffnungen, während nothwendigerweise der Geist, in welchem Ungerechtigkeit wohnt, voll Unruhe ist.

Da es unmöglich ist, dass ungerechte Handlungen uns den Genuss des Lebens schaffen, da Gewissensbisse, gesetzliche Strafen und die öffentliche Schande unsre Sorgen vermehren, so wird Jeder, der den Geboten der gesunden Vernunft folgt, die Tugenden der Gerechtigkeit, der Billigkeit und Treue ausüben. *Epicur.*

Gerechtes Thun schreckt nicht aus Furcht zurück.
Sophocles.

Zuweilen ist's ein Unglück, Recht zu haben.
Sophocles.

Alles, was du thust, thue recht. *Pittacos.*

Was du einmal unternommen hast, darauf musst du deine Kraft und allen deinen Eifer verwenden.
Socrates.

Vom stets fallenden Tropfen wird ausgehöhlt der Stein selbst. *Bion.*

Nur um Mühe wägen uns die Götter das Gute zu.
Hesiod.

Besser arbeiten, als unthätig sein; du müsstest denn den Rost dem Glanze vorziehen. *Aristipp.*

Thätigkeit ist niemals Schande, nur Müssiggehen ist Schande. *Hesiod.*

Müssiggang ist lästig. *Thales.*

Liege der Arbeit ob, damit der Hunger dir fernbleib',
Und dein Haus sich fülle zur Zeit mit nöthigem Vorrath.
Der ist den Göttern verhasst, wie den Sterblichen, der ohne Arbeit
Hinlebt, ähnlich an Sinn dem müssigen Drohnengezüchte,
Die, was die fleissigen Bienen geschafft, aufzehren in Faulheit,
Pflegend den Bauch. Die Arbeit schändet nicht, aber die Faulheit. *Hesiod.*

Armuth nur, Diofantos, erweckt die betriebsamen Künste,
Sie, die Lehrerin ist der Thätigkeit. Selber der Schlaf nicht
Wird ja dem Arbeitsmanne gegönnt von der finsteren Sorge.
Wenn auch einer bei Nacht den flüchtigen Schlummer erhaschet,
Plötzlich verscheucht ihn wieder die stets andringende Unruh'. . . . .

———

Nicht Worte, — Thaten geben unserm Leben Glanz.
Sophocles.

———

Verschwend' nicht Worte, wo's zur That dich ruft!
Sophocles.

———

Schöne Reden, schlechte Thaten! *Sophocles.*

———

Mehr als Worte gilt's,
Die Glieder rühren, und wo's Noth thut, handeln.
Sophocles.

———

Wo Einer sich seinen Posten nimmt, da muss er bleiben auf jede Gefahr hin, und nichts in höherem Grad fürchten, weder Tod noch Anderes, als die Schande.
Socrates.

———

Sich und die Seinen beschimpfen lassen, verräth knechtischen Sinn. *Aristoteles.*

———

Wer stolz auf seiner Seele Adel ist,
Vermag ein ehrlos Leben nicht zu tragen.
Sophocles.

———

Des freien Mannes Seele kann
Kein Leiden so verletzen als Entwürdigung.
Aeschylos.

Kühner Thaten Gefahr ergreift
Nie den Schwachen. Wem zu sterben
Verhänget einmal, wie möcht er sein Alter
Hinschleppen ruhmlos, brütend im Dunkel,
Alles Schönen entbehrend? — *Pindar.*

Grosse Dinge wollen stets durch grosse Gefahren errungen werden. *Herodot.*

Der Tugend, die ausharrt im Kampfe,
Verbleibt die Krone. *Aeschylos.*

Das Gute wird dadurch noch besser, dass es mit Schwierigkeiten verbunden ist. *Aristoteles.*

Wer muthig angreift und handelt, der hat gewöhnlich den Gewinn voraus vor dem, der zuviel überlegt und zaudert. *Herodot.*

Man muss nicht allzubedenklich sein, sonst richtet man niemals etwas aus. Besser man greift herzhaft an, und leidet lieber die Gefahren, als dass man alles vorher befürchtet, und niemals ein Unglück leidet. *Herodot.*

Weise Aerzte winseln
Nicht Zauberlieder, wo sie schneiden müssen.
Sophocles.

> Was sich gut und tüchtig zeigt,
> Das soll erhalten bleiben; doch was des Arztes
> Und der Arzneien bedarf, das werde weggetilgt,
> Wie Aussatz, zwar wohlwollenden Sinns, doch, muss es sein;
> Mit Schnitt und Feuer! *Aeschylos.*

Gern, gern gefrevelt hab' ich, gern, ich leugn' es nicht,
Zum Heil der Menschheit dieses Leid mir selbst erzeugt;
Und ich will trinken meiner Leiden Kelch,
Bis einst der Hass und Zorn des Zeus sich lösen mag.
Aeschylos.

IV.

Einzelne Fehler, Leidenschaften und Laster.

Scham ist längst dahin, es herrschet die Unverschämtheit,
  Keinen rechtlichen Mann schauet die Sonne mehr.
Fort ist die Treue, die mächtige, fort von den Männern,
  Fort die Schönheit und Mild', — haben die Erde geräumt;
Selbst die geschwornen Eide sie werden täglich gebrochen,
  Und nicht Einer verehrt ewige Götter mehr.
Aus starb ganz der Frommen Geschlecht, leer stehen
  die Tempel,
  Aber auch frommer Sinn, Redlichkeit ist dahin.
Theognis.

Der menschlichen Gebrechen allergrösstes ist: Unverschämtheit. *Euripides.*

Was gleicht der trotzfrechen Hoffahrt eines Mannes?
Aeschylos.

Hochfahrender Trotz ist ein Abscheu der Götter.
Sophocles.

Nie strebe der Menschengeist über Sitt' und Gesetz empor!
Euripides.

Schlimm ist Hochmuth und Trotz, darunter die Sterblichen seufzen,
Besser der Weg des Rechts, denn Recht wird über Gewalt gehn. *Hesiod.*

Hoffahrt sendet zuerst aus verderblichen Loosen die Gottheit
Jedem zu, dessen Haus sie zu entwurzeln beschloss.
Hoffahrt wächst aus Ersättigung auf, wenn dem frevelnden Manne
Segen gefolgt, und ihn nicht sinniger Geist auch beseelt.
Theognis.

Mannes Hoffahrt, prunke sie noch so hoch,
Nieder zur Erde sinkt sie, verkümmert ruhmlos.
Aeschylos.

Ein Rächer allzu kühn aufstrebenden Hochmuths
Herrschet Zeus, er fordert strenge Rechenschaft.
Aeschylos.

Hoffahrt, in Blüthe schiessend, trägt den Aehrenhalm
Des Weh's und thränenreicher Ernte Schnitterlohn,
Denn Zeus zerschmettert allzu trotz'ge Sinnesart.
Aeschylos.

Glücklich wem vor allen Gaben,
Klaren Sinn die Götter gaben!
Mensch, in deinem Stolz verletze
Nie die göttlichen Gesetze!
Frevles Wort, das du gesprochen,
Frevler Mund wird schwer gerochen.
Doch das Alter kommt zur Klarheit,
Und das Alter redet Wahrheit. *Sophocles.*

Nie red' ein Wort
Des frechen Uebermuthes wider Götter,
Nicht überhebe dich, wenn du auch Andern
An Leibeskraft, an Reichthum überlegen,
Denn alles Menschenthun erhebt und stürzt
Der Tag in schnellen Wechsel; Götter lieben
Besonnenheit, die Thorheit hassen sie.
Sophocles.

Will dich Gott ins Unglück reissen,
Dann ist dir das Herz erblindet,
Dass du Böses nimmst für's Gute,
Und erliegst im Uebermuthe. *Sophocles.*

Hinabstürzt hoch von aufgethürmten Hoffnungen des Menschen Wahn. *Aeschylos.*

Der allzu starre Sinn, der bricht am schnellsten,
Dem Eisen gleich, das durch die Glut gehärtet,
Am meisten springt und bricht, und wie das Ross,
Das kühn sich bäumt und doch dem kleinsten Zügel
Sich willig unterwirft. *Sophocles.*

Viel ist die Gottheit fähig zu thun, auch gegen Erwartung,
Hebet die Kleinen empor, bringet die Grossen herab.
Auch dir wird sie noch dämpfen den Stolz und die
  Blicke des Hochmuths,
Giesset ein Strom dir selbst Bäche des Goldes daher.
Nicht das Gestrüpp, noch die Malve, — die Krone
  gewaltiger Eichen,
So auch des Platanos Pracht schmettert danieder der
  Sturm. *Lukillios.*

Frevler im Glück sind unerträglich. *Aeschylos.*

Ehrgeiz ist ein schlimmes Gut. *Herodot.*

Der Götzen schlimmster ist die Ehrsucht;
Sie hat schon manchem Haus und manchem Staat
Unheil gebracht, zuletzt den Untergang. *Euripides.*

Neid, du grosses Uebel! Doch ist das Gute noch in dir,
Dass du mit eigenem Pfeil selber das Herz dir durchbohrst.

Wenig Menschen ist es angeborne Art,
Den hochbeglückten Freund ohne Neid zu ehren.
Das Gift der Missgunst ist dem Menschen eingeimpft,
Und beim Betrachten fremden Glückes seufzt er.
  Aeschylos.

Wir sind argwöhnisch, wir Menschenkinder auf Erden.
  Homer.

Wer seine Reize Jedermann ohne Unterschied ums Geld verkauft, den heisst man einen Lohnhurer; wer seine Weisheit an Jedermann ohne Unterschied ums Geld verkauft, den nennt man einen Sophisten *Socrates.*

Wortschwall ist unnütz. *Hesiod.*

Der weise Mann beschämt den schönen Schwätzer.
Euripides.

Niemals rede zum Schein. *Hesiod.*

Der Edelgesinnte hält die Wahrheit höher als den Schein, und ist offen in Wort und That. *Aristoteles.*

Der Wahrheit Sprache braucht des Schmuckes nicht,
Noch vieler Worte, und die gute Sache
Spricht für sich selber. *Euripides.*

Klar und einfach ist der Wahrheit Blick und Worte.
Aeschylos.

Lernt, o Menschen, die schwerste Klugheit, stille zu schweigen,
Lernt vom weisesten Mann, diesem Pythagoras, sie,
Der wohl wusste zu reden und doch im Schweigen das grösste
Stärkungsmittel zur Ruh' und zur Zufriedenheit fand.
. . . .

Eitel ist jegliches Wort, wo die That nicht selbem
Gehalt gibt,
Und jedwedes Geschäft zeiget das Wort in der That.
. . . .

Im Reden stolz, im Kampfe feig. *Sophocles.*

Ich hasse sie, die keusch in Worten thun,
Und insgeheim dem Laster fröhnen. *Euripides.*

Nutzlosen Zorns Urheber sind die Worte gern.
Aeschylos.

Dem jähen Zorn bei Männern und bei Weibern
Ist leichter zu begegnen, als schweigsamer List.
Euripides.

Lieber ein offener Feind, der vor aller Welt mich befehdet,
Als eine falsche Zung', sprechend in doppeltem Sinn.
Theognis.

Unter jeglichem Stein lieget, o Freund, ein Scorpion
     versteckt;
Darum hüte dich wohl: was sich versteckt, ist von Gefahr,
     nicht frei.   . . . .

Heimliche Dolche führt in seiner Brust,
Wer mit freundlichem Blick dir nahet,
Dem aus schwarzem Herzen aber
Doppelte Zunge redet.   *Solon.*

  Verderben Dem, der Lügen spinnt,
Unwürdiges Thun dahinter zu verbergen. *Sophocles.*

      Lügner heissen
Ist eine Schmach für einen edlen Mann. *Sophocles.*

Anfangs gleich frommt wenig die Lüg', und nahet der Aus-
     gang,
Gibt ihr Gewinn heillos gleich wie entehrend sich kund,
Beides zumal; und es bleibt nichts Würdiges ferner dem
     Manne,
Folgt ihm die Lüg', und entschlüpft über die Lippen
     einmal. *Theognis.*

Wer da lügt und fälschlichen Eid ableget mit Vorsatz
Und die Gerechtigkeit letzt, der ist verloren unrettbar.
Sein Geschlecht es schwindet dahin in die Nacht des Vergessens,
Doch wer wahrhaft schwört, dess Stamm blüht herrlicher immer. *Hesiod.*

Vom schlechten Manne nur verlangt man Eide,
Den braven bindet mehr als Eid sein Wort. *Sophocles.*

Nicht macht der Eid den Mann, es macht der Mann den Eid
Verbindlich. *Aeschylos.*

Ein sichrer Eid schon ist es, wenn ich zugewinkt.
Aeschylos.

Ich bin ein Mann, vertrau' mir, kein Verräther.
Sophocles.

Verräther hass' ich,
Und ich weiss kein Gift,
Mir mehr verächtlich als dieses.
Aeschylos.

Lass kein Wort fallen, das dir ein Anderer vorwerfen könnte, welcher dir auf Treu und Glauben etwas vertraut hat. *Thales.*

Was du nicht reden darfst, lass auf der Zunge versiegelt,
Besser ein Wort bewahrt, als einen goldenen Schatz.
Lukianos.

Viel ist der Menschen Geschwätz, was schlecht und gut durcheinander
Umläuft, drum sei nimmer verblüfft und lasse dich selber
Nie einschüchtern mit Zwang, und wenn man Lügen verbreitet,
Trage es sanft mit Geduld, und wie ich dir rathe, so halt' es,
Dass dich Keiner mit Worten beschwatzt, noch durch Thaten verleitet,
Jemals zu sagen, zu thun, was du nicht als das Bessere billigst. *Pythagoras.*

Niemals war und wird sein ein Sterblicher, dem es gelänge,
Dass er Allen sei recht, das vermag selbst nicht Zeus.
Theognis.

Es ist schwer, keinen Fehler zu machen, und wenn man selbst keinen gemacht hat, so ist es schwer, einer unbilligen Beurtheilung zu entgehen. *Socrates.*

Gern erträgt's
Der Treugesonnene, dass er unbesonnen scheint.
Aeschylos.

Stopfe den Mund der Verleumdung durch Klugheit.
Thales.

Fliehe den schnöden Betrug, dem Verlust ist schnöder Betrug gleich. *Hesiod.*

Geben ist gut, doch verrucht ist der Raub, ein Geber des Todes. *Hesiod.*

Undankbarkeit ist Ungerechtigkeit. *Socrates.*

Schmählich, als trunkener Mann in der Nüchternen Kreise
     sich finden,
Aber auch schmählich, wer sich nüchtern bei Trunknen
     verweilt. *Theognis.*

Wer frech sich fremdes Brautgemach erbrach, gesühnt
 Wird nimmer der. *Aeschylos.*

Der ein sich sträubend Weib vom sträubenden Vater
     heimführt,
Der sollte rein sein? Er wird im Todtenreich selbst
Nie und nimmer entflieh'n dem Gericht seiner That.
         Aeschylos.

Wer nur grausam selber erscheint, und Grausames ausübt,
Den verfluchen und wünschen ihm Unglück alle die Sterb-
     lichen,
Selbst den Todten noch schmähen sie alle mit Abscheu.
         Homer.

 Und strömte aller Ströme Fluth
Allseits her, bluttriefenden Mord hinwegzuspülen,
  Sie strömten umsonst. *Aeschylos.*

Unerspäht bleibt nimmermehr, wer Blut vergoss,
Und wer durch Unrecht glücklich geworden, den quält
Bis zum Tode sein böses Gewissen. *Aeschylos.*

 Alles niederstürzen wird neu Gesetz,
  Wenn des gottlosen Muttermörders Schuld
   Vor Gericht siegen darf. *Aeschylos.*

Die böse That verräth sich vor der Zeit,
Doch noch verruchter ist, wenn sich der That
Noch rühmen will, der frech sie hat gethan.
Sophocles.

V.

Lohn und Strafe.

Noch keinem Frevler ging es jemals wohl,
Und einen guten Ausgang darf
   Nur eine gute Sache hoffen. *Euripides.*

Niemand wird das Schlechte zu Gutem,
Nimmer gedeiht, was in Sünde geboren.
Euripides.

Unmöglich ist, Geschehenes zu ändern.
Sophocles.

Wer Gerechtigkeit aus innerem Drange übt,
  Bleibt nicht unbeglückt;
Zu Grund geh'n soll er nun und nimmer.
Doch wer das Recht bricht, trotzig frech,
  Sie werden, was mit Gewalt sie zusammengerafft,
  Versinken seh'n in den Abgrund,
Wenn Sturm die Masten bricht, und diese
  Zu Boden reissen die stolzen Segel.
—Strandend am Fels des Rechtes, versinken sie selber,
  Unbeweint, von Niemand vermisst! *Aeschylos.*

Immer thätig und immer sinnend,
Voll Erfindungen, die kaum zu erdenken,
Neigt er zum Guten und bald zum Bösen.
Segen erblühet, wo er sich füget
Seiner Heimath Gesetz, und der Götter
Ewig heiligem Recht. Aber Fluch
Trifft den Frevler und mit ihm sein Land,
     Fluch und Verderben! *Sophocles.*

  Was einmal gescheh'n ist,
Davon, sei es gerecht, sei es nicht, vermag selbst
Die Zeit, die Allerzeugerin,
Nicht mehr den Ausgang zu wandeln.
Aber Vergessenheit führt glückliches Schicksal herbei,
Und in der Fülle trefflicher Freuden
Stirbt besiegt dahin das zürnende Unglück. *Pindar.*

Auf festem Grunde steht das Recht,
Und wenn auch spät, den Frevler ereilt die Strafe.
                                     Aeschylos.

Das Schicksal ist die stärkste aller Mächte.
                                       Euripides.

  Die Verhängnisse wird nicht Feu'r noch Erzes
  Bollwerk je hemmen. *Pindar.*

Jedweder leidet seiner Schuld gerechten Lohn.
                                       Aeschylos.

  Eine Seele büsst für Tausende
Zur Sühne, wenn sie rein befunden wird.
                                     Sophocles.

Die rechte Strafe will, dass der Bestrafte besser werde, und seine Besserung dazu diene, dass Andere aus Furcht sich bessern. *Plato,*

Wann hat ein Gott den Gottlosen begünstigt?
Sophocles.

Verderben eilt gar zu schnell. *Aeschylos.*

Mit schnellem Fuss kommt Missgeschick dem Sterblichen,
Und schnell die Strafe dem, der Rechtes Pfad
Verlässt. *Aeschylos.*

Der Götter Strafe folgt behend dem Frevler.
Sophocles.

Der Gottlose entrinnt nicht dem Zorn der Götter.
Sophocles.

Auch hochbegabte Menschen stürzen schmachvoll
Aus ihrer Höhe nieder, wenn sie Schlechtes
Für gut verkaufen gegen schnöden Lohn.
Sophocles.

Allvater Zeus, ja dein gehört der Himmel Macht,
Du siehst der Menschen, siehst der Himmelsgötter
Thun,
Das allverwegne, sündige; aller Kreatur
Gottlos Verschulden und Gericht, es steht bei dir.
Aeschylos.

Preis, o Nemesis, dir, allmächtig waltende Gottheit,
Die allschauend, das Leben durchspäht vielstämmiger Menschen;
Ewige, vielverehrt, die allein sich freut der Gerechten,
Aendernd das vielschwankende Mass, das nimmer Bestand hat;
Welcher sie all' erbeben die Sterblichen, beugend den Nacken.
Dir ja erforscht ist Jegliches Sinn, dir nimmer verborgen
Seelen, die schmähen die Regel des Rechts im Sturme des Wahnsinns.
Alles durchspähst, und Alles vernimmst du, ordnest Alles;
Bei dir ruhet der Sterblichen Recht, alloberstes Wesen!
Selige, komm, Urreine, Helferin stets den Geweihten!
Schaff' in ihnen ein edeles Herz, und bezähme verhasste,
Und unheilige, stolze Gesinnungen, andre um andre!

Orphische Hymne.

Lautlos und blicklos siehst du stets nah' sein Gericht
Dem Menschen, ob er schlafen, wandern, ruhen mag;
Hier schreitet's stumm an seiner Seite, dort ihm nach,
Nichts bleibt verborgen, was er Uebles hat gethan.
 Drum was du Böses je beginnst, gedenke stets,
 's ist Einer, der es siehet! *Aeschylos.*

Ewig ist der Zorn der Götter. *Sophocles.*

Wer ohne Vorsatz fehlt dem wird ein mildes Urtheil.
Sophocles.

Einer büsset sogleich, der später dann: ja, wenn sie selbst auch
Flohen, und nimmer sie mehr fasste der Götter Geschick,
Kommt es doch einmal endlich, und schuldlos büssen die Unthat
Eigene Kinder noch ab, oder das Folgegeschlecht.
. . . .

VI.

Eltern und Kinder. Mann und Weib. Liebe. Kindheit. Jugend. Alter:

Ehre deine Eltern. *Solon.*

Jeglicher ehre die Eltern mit heiliger Scheu!
Aeschylos.

Ehre die Eltern dein, und die so zunächst dir verwandt sind. *Pythagoras.*

Glücklich, wer Vater und Mutter ehrt, aber wehe den Kindern,
Denen nicht heilig ist alternder Eltern Haupt!
Theognis.

Des Vaters Worte missachten ist die schwerste Schuld.
Aeschylos.

Liebe deine Eltern. *Thales*.

Das Süsseste
Es ist, der Eltern Angesicht zu schaun.
Sophocles.

Keine Mühe kennt,
Wer sich zum Heile seiner Eltern müht.
Sophocles.

Wenn Einer seine Eltern nicht ernährt, der soll ehrlos sein. *Solon*.

Wenn die Menschen glaubten, dass du gegen deine Eltern undankbar wärest, so würde Keiner für Wohlthaten, die er dir erwiese, sich Dank von dir versprechen.
Socrates.

Könnte Jemand von einem Andern grössere Wohlthaten empfangen haben, als Kinder von Eltern, denen sie ihr Dasein, und den Anblick so vieles Schönen, den Genuss so vieles Guten verdanken? *Socrates*.

Wehe dem Mann, der undankbare Kinder
Sich grossgezogen, selber sich zum Unglück,
Und für die Feinde noch zu Spott und Hohn!
Sophocles.

Ist es nicht überall eingeführt, dass beim Begegnen der Jüngere dem Aelteren aus dem Wege geht, dass er vor diesem von seinem Sitz aufsteht, ihn durch ein weiches Lager ehrt, und ihm das Wort lässt?
Socrates.

Viel Vorsicht und Besonnenheit bedarf es bei der Erziehung unsrer Kinder. *Pythagoras.*

Der schönste Ruhm für edlen Vaters Kinder
Ist, ihm in seinen Tugenden zu gleichen.
Euripides.

Wie seines Vaters Glück die höchste Lust des Kindes,
So auch des Vaters seines Kindes Glück. *Sophocles.*

Immer nur Furcht und Schmerz bringet dem Vater das Kind. . . .

Geeint vom Schicksal ist Mannes und Weibes Bund,
Gerecht bewahrt, selbst höheren Rechtes als der Eid.
Aeschylos.

Nichts ist wahrlich so wünschenswerth und erfreuend,
Als wenn Mann und Weib, in herzlicher Liebe vereinigt,
Ruhig ihr Haus verwalten. *Homer.*

O theurer Mann,
Du bist mein Vaterland, mein Reichthum du!
Verstoss mich nicht! Denn wohl geziemt's dem Mann,
Zu denken dessen, was sein Herz erfreut,
Und immer hat die Liebe Lieb' erzeugt!
Wer das vergisst, was einst ihm Wonne war,
Fürwahr, der ist kein edler Mann. *Sophocles.*

Der Liebe Macht kann Keiner sich entziehen.
Sophocles.

Unglückseliges Leben, das ohne die Liebe gelebt wird!
Wort und That, es gelingt ohne die Liebe mir nichts.
. . .

  Die Liebe hat schon viel des Leides gebracht.
Sophocles.

  Die Liebe ist das Süsseste und Bitterste zugleich.
Euripides.

  Die Mutterliebe ist die grössere.   *Aristoteles.*

  In Weh gebären ist der Frauen Loos,
  Und an den Kindern hängt ihr ganzes Herz.
Euripides.

  Beschimpfen niemals soll man Weiber.
Aeschylos.

Verschieden schuf zu Anbeginne Gott den Sinn
Der Weiber: eine schuf er aus der Biene.
Glückselig ist, wer die empfängt, denn sie allein
Ist tadellos. Durch sie erblüht und mehret sich
Sein Lebensgut: das Alter schwächt nicht ihre Liebe,
Und ihr entspriesst ein schönes, rühmliches Geschlecht.
Vor allen Weibern strahlet sie in Herrlichkeit,
Denn einer Göttin Reiz umfliesst sie wunderbar,
Es freut sie nie, zu sitzen unter Weibervolk,
Wo jede nur von Liebeslust zu reden weiss.
So sind die besten Weiber und verständigsten,
Die Zeus den Männern gnädig zum Besitz verleiht.
Simonides.

Hart ist es, wenn von ihrem Mann getrennt ein Weib
Einsam daheim sitzt, unaussprechlich hart.
Kehrt aber heim der Mann zum Heimathheerd,
Dann ist's wie Frühlingswärme in Winterzeit.
Aeschylos.

Was gibt es
Für eine Gattin Süsseres, als den Tag zu schau'n,
Wo ihrem Mann, der glücklich heimkehrt aus dem Kampf,
Des Hauses Thor sie aufthut! Mög' er sich beeilen!
Er findet mich, sein treues Weib im Hause,
Wie er's verlassen, als des Hauses Wächterin,
Ihm edeln Sinnes, allen Bösgesinnten Feind,
In Allem noch sich gleich, von ihrer Hand
Kein Siegel drinnen während all der Zeit verletzt;
Noch weiss ich von verbotner Heimlichkeit, von Wollust,
Mit fremdem Mann mehr als vom blut'gen Kampfspiel.
Aeschylos.

Jegliche Frau wehklagt, die des Mannes beraubt wird,
Ihres Jugendgemahls, mit dem sie Kinder gezeuget.
Homer.

Wenn sich das Weib in seines Gatten Wahl
Nicht täuschte, ist's ein selig Leben, — sonst
  Des Todes werth. *Euripides.*

Furchtsam ist sonst das Weib, zum Kampfe schwach,
Es zittert schon beim Anblick eines Schwertes.
Doch fühlt es in der Ehe Rechten sich gekränkt,
Dann gleichet nichts auf Erden seiner Rache.
Euripides.

Mit einer Andern
Den Gatten theilen, welches Weib vermöcht' es!
Sophocles.

Süsseres gibt es nichts, als ein braves Weib, doch ich hasse
Geile Weiber, und mehr den frechen Gesellen noch, der sich
Eines Andern Saatland zu bepflügen erfrecht.
Theognis.

Was gleicht dem schamlos lüsternen
Buhlen eines Weibes! *Aeschylos.*

Wahrlich kein schönres Gut erwirbet ein Mann, denn ein Weib sich,
Ist sie brav; doch nichts ist lästiger, als wenn es bös ist.
Hesiod.

Lass dir den klaren Sinn durch Weiber Reize
Bethören nicht; bedenke, dass das Glück
Der wahren Liebe du nie wirst geniessen
In einer schlechten Hausfrau Liebumpfangen!
Kein schlimmres Wehe, als ein schlimmes Weib!
Sophocles.

Die Weiber tadeln gern; wo irgend Ursach
Zu Schwatzereien, machen sie aus Kleinem Grosses.
Euripides.

Leichtgläubig zu leicht verbreitet sich Frauengeschwätz
Wie Windeswehn; doch windverweht
Versinkt zu Nichts weiberausposaunt Gerücht.
Aeschylos.

Schmach dem Manne, der feig dem Schwerte des
Feindes entfliehet! *Tyrtaeos.*

Schmach bringt die Flucht. *Sophocles.*

Den braven Mann, der vor dem Feinde fiel,
Deckt leicht die Erde, aber zentnerschwer
Drückt sie den Feigen. *Euripides.*

Als du aus blutiger Schlacht, Demetrios, zitternd zurückkamst,
Und dich die Mutter empfing, sämmtlicher Waffen beraubt,
Sieh, da fasste sie sonder Verzug mit den Händen die Lanze,
Und mit der blutigen Wehr treffend dein bebendes Herz,
Rief sie: „Stirb und rette die Stadt vor dem schmählichen Vorwurf!
Säugt' ich zur Memme dich auf, trage nicht Sparta
die Schuld. *Erykios.*

Glücklich, wer in dem Kampf für's Vaterland stirbt, die Erretter
Sind sie des Volks, ihr Tod bringet uns Freiheit und
Heil! *Tyrtaeos.*

Preis und Ruhm dem tapfern Mann, der in vorderster Reihe
Fiel im Kampf für sein Land, Kinder und junges Gemahl! *Kallinos.*

Ist ein rühmliher Tod das erhabenste Erbe der Tugend,
So hat uns das Geschick dieses vor Allen gewährt.
Eifernd im Kampf, das hellenische Land zu umkränzen
mit Freiheit,
Sterben wir; aber uns schmückt nimmer veraltern-
der Ruhm. *Simonides.*

In der Blüthe der Jugend dem jähen Tode verfallen,
Füllst deiner Mutter Brust du mit nagendem Schmerz,
Aber das Denkmal über dir singet dein ewiges Loblied,
Weil du für's Vaterland fechtend gefallen im Kampf.
. . . . .

Zweimal vier, vom feindlichen Schwerte gefallene Söhne
Deckte das griechische Weib mit einem einzigen Stein.
Aber nicht Thränen erpresst ihr der Schmerz; die Worte
nur sprach sie:
„Diese Kinder hab' ich Vaterland dir ja gebor'n."
Dioskorides.

Tapferen Mannes gedenken die Bürger, wenn er gefallen,
Und man preiset ihn hoch, göttlichen Helden gleich.
Wie ein mächtiger Thurm, so steht sein Bildniss vor Allen,
Denn, was Vielen geziemt, hatte der Eine gethan.
Kallinos.

Heldentugend, o Jünglinge, strebet nach ihr; mit der
schönsten
Jeglicher Kronen umflicht sie, und auf ewig das Haupt!
Stadt und Volk ist der Mann die grösste der Gaben, der
furchtlos,
Wo die Feldschlacht tobt, ungestüm stürzet hinein,

Ungedenk schmachbringender Flucht, nicht achtend sein
    Leben,
Für die Freiheit sein Blut opfernd freudig dahin.
Neben ihm kämpfen die tapfersten Krieger, er sieht sie und
    jauchzet
Ihnen zu, und entflammt mehr noch der Streitenden Wuth.
Sinkt er selber dahin im Vordergefecht, dann krönen
    Vater und Volk und Stadt, krönen mit Ruhm seinen Tod.
Ihn beweinet der Greis und der Jüngling durch's ganze
    Land hin
Waltet heiliger Schmerz, und es lebet sein Ruhm
Fort in seinem Geschlecht, von Kind zu Kindern, es blühet
    Ewig sein Name! Ob auch Erde decket den Leib,
Nimmer vergehet sein Lob, unsterblich fort lebt der Gefallne.
Aber, wenn er dem Loos blutigen Todes entrann,
    Wenn er strahlend zurück als Sieger kehrt zu den Seinen,
Ehren zumal ihn Alle, ehret ihn Jüngling und Greis.
Alternd erglänzt er vor Allen im Volk, und keiner er-
    kühnt sich,
Ihm je Kränkung an Ehr' oder an Rechten zu thun;
Geht er einher, so erhebt sich von seinem Sitze der Jüngling,
    Stehen die Männer auf, weichet in Ehrfurcht das Volk.
Darum, wer der Verherrlichung Gipfel strebt **zu ersteigen,**
    Wandle des Helden Bahn, streite und siege wie er!

                           Tyrtaeos.

    Im Frieden werden die Väter von ihren Kindern begraben, im Krieg aber die Kinder von ihren Vätern.
                           Herodot.

    Der Krieg macht mehr schlechte Menschen, als er hinwegrafft
                           Antisthenes.

Schön ist der Sieg, doch gibt's noch Besseres.
Euripides.

Mag des Aufruhrs Wuth, leidesnimmersatte Wuth
  Tosen nie in diesem Land,
Nimmer der Staub mit dem Blute der Bürger getränkt,
                  rachedürstend
  Heischen des Blutes Sühne,
Nimmer Vernichtung der Stadt!
  Tausche man Freuden um Freuden,
Eins in der Liebe zum Ganzen,
  Eins auch im Hassen!   *Aeschylos.*

VIII.

Menschenrecht. Stände. Menschlichkeit. Gastfreundschaft. Umgang. Freundschaft. Milde. Versöhnlichkeit.

Der Menschen Gleichheit gilt als altes Recht,
  Nie wird der Kampf um dieses enden.   *Euripides.*

  Meide das deinem Nächsten zu thun, was du ihm übel nähmest, wenn er es dir thun würde.   *Pittakos.*

  Sünde ist es, das Unglück Anderer suchen.
Homer.

Unheil schaffet sich selbst der Mann, der dem Andern
                      nachstellt.   *Hesiod.*

Die reich geworden, ohne zu wissen wie,
Sind ihren Sclaven immer hart und lieblos.
Aeschylos.

———

Ein Jeder ist sich selbst der Nächste. *Sophocles.*

———

Ein Jeder hegt Zuneigung für die Schwächeren.
Aeschylos.

———

Der niedre Sclave selbst ist edel von Gemüth oft.
Euripides.

———

Auch aus des Niedern Mund
Ertönet oft ein wahres edles Wort. *Sophocles.*

———

Was frommt adlige Abkunft, wenn du nicht edel dich zeigest
In deiner Worte Wahl, in deinem Urtheil und Rath!
Phokylides.

———

Edle Geburt macht schlechte That nicht gut.
Sophocles.

———

Nimm dich der Waisen an, sei ihnen Vater!
Sophocles.

———

Mein Liebstes will ich nicht verlassen in seiner Noth.
Aeschylos.

———

Es ist sittlich schön, Andern Gutes zu erzeigen.
Aristoteles.

———

Lache nicht über den Unglücklichen. *Bias.*

Ein armer, im Unglück irrender Fremdling,
Pflege gebührt ihm, — ihn freut auch die kleinste Gabe.
Homer.

Die Gemeinschaft
Am Tisch des Gastfreundes sei Jedem hoch und heilig.
Aeschylos.

Lieb ja ist, wie ein Bruder, ein Gast und nahender Fremdling
Jedem Mann, der im Herzen auch nur ein wenig Gefühl hat. *Homer.*

Das Mitleid hat oft wenig Lohn gebracht.
Euripides.

Gerechtem Flehn sollst du nicht widerstehen,
Und danken dem, der Gutes dir gethan.
Sophocles.

Wer mit Lust gibt, freut sich des Gebens und Wonne erfüllt ihn. *Hesiod.*

Schnellere Gabe ist süssere Gabe; doch zögert der Geber,
Ohne Werth ist sie dann; nenne sie Gabe nicht mehr.
. . . . .

Keine Tugend erntet mehr Freundschaft und Liebe als die Freigebigkeit. *Aristoteles.*

Wer in Güte zu Etwas überredet wird, wird wohlwollend, als hätte man ihm Etwas geschenkt.
Xenophon.

Gutes lernst du nur von Guten; böse Gesellschaft
Richtet die Bildung auch, die dir geworden, zu Grund.

Nichts ist den Menschen nützlicher als weises Misstrauen.
Euripides.

Unbillig ist es, wenn dem Bösen du
Vertrauen schenkst, den Redlichen verkennst.
Sophocles.

Den Lasterhaften kann und darf man nicht lieben, da man kein Freund des Bösen sein, und den Unsittlichen sich nicht gleich rechnen darf. *Aristoteles.*

Meide stets die Gemeinschaft der Schlechten, gesell' dich
den Guten!
Denn von den Edlen lernst stets du das Edle nur.
Theognis.

Den Bösen kann ein Augenblick enthüllen,
Der Gute wird in Jahren nur erprobt. *Sophocles.*

Glaube nicht Denen, die alle deine Handlungen loben, sondern Denen, welche deine Fehler tadeln.
Socrates.

Fliehe die Schmeicheleien gegen dich selbst und gegen Andere. *Plato.*

Keinem erweis' ich mich falsch, ihm zu schmeicheln,
doch die ich ehre,
Diesen bleibet mein Herz bis zum Ende getreu.
Phokylides.

Der hat ein köstliches Theil, dem ein wackerer
Nachbar zur Seite. *Hesiod.*

Ein Anderer hat seine Freude an einem guten Pferd, an einem Hund oder Vogel; ich finde noch weit grösseres Vergnügen an guten Freunden. *Socrates.*

Fasse Muth, bemühe dich ein rechtschaffener Mann zu werden, und je mehr du es wirst, desto zuversichtlicher suche dir edle und gute Freunde zu erwerben.
Socrates.

Wer sich einen tüchtigen Freund erwerben will, muss selbst tüchtig sein, sowohl im Reden wie im Handeln,
Socrates.

Ohne Freunde hat das Leben keinen Werth, auch für den nicht, der alle übrigen Güter besitzt.
Aristoteles.

Es schwindet des Mannes Ruhm, wenn er
Der Freunde beraubt ist. Wenige nur
Der Sterblichen sind treu in der Gefahr,
Mit zu tragen Bedrängniss. *Pindar.*

Freund im vollkommensten Sinn kann man nicht mit vielen Personen sein. *Aristoteles.*

Freunde sind eine Seele in zwei Körpern.
Aristoteles.

Sei eingedenk der anwesenden und abwesenden Freunde.
Thales.

Nicht geringer fürwahr, als selbst ein leiblicher Bruder,
Ist ein redlicher Freund, liebreich, verständigen Herzens.
Homer.

Zu Zweien ist man fähiger zum Rath und zur That.
Aristoteles.

Freundschaft ist gegenseitiges Wohlwollen, welches Jeden für das Wohl des Andern so besorgt macht, als für sein eigenes. *Aristippos.*

Nimm von den Andern zum Freund, wer an Tugend
                        der Erste hervorragt.
Fügsam sei dem sanfteren Wort und dem nützlichen
                        Werke,
Und nie hasse den Freund, wenn blos er Kleines ver-
                        sehen. *Pythagoras.*

Des Freundes Wort besänftigt wilden Sinn.
Sophocles.

Die vollkommene Freundschaft ist die unter sittlichguten und an Tugend sich ähnlichen Menschen.
Aristoteles.

Zum Freunde wählen sollst du den, der über die sinnlichen Begierden Herr ist, Mann von Wort, zum Umgang tauglich, und der Ehrgefühl genug hat, um es in Erwiederung von Wohlthaten nie fehlen zu lassen.
Socrates.

Weiss ich etwas Gutes, so theile ich's den Freunden mit, und sie mir, und achten es für grossen Gewinn, wenn wir einander nützlich werden. *Socrates.*

Der wahre Freund freut sich über die rühmlichen Handlungen seiner Freunde gerade wie über seine eigenen, über ihr Glück wie über seines, und wird nicht müde, für dasselbe thätig zu sein. *Socrates.*

Ein rechtschaffener Freund tritt überall für den Freund ein, wo es ihm fehlt, in besondern Angelegenheiten wie in öffentlichen. Gilt es Jemand einen Dienst zu erweisen, er ist dabei; droht eine Gefahr, er hilft sie abwenden; er theilt die Kosten, theilt die Mühe; hilft Güte, hilft Gewalt brauchen; verschönert die glückliche, verbessert die unglückliche Lage. Und doch finden sich mehr Menschen, welche lieber die Bäume pflegen um ihrer Frucht willen, als dass sie den Freund, der doch in jeder Beziehung das fruchtbarste Besitzthum ist, auch nur mit einiger Aufmerksamkeit und Sorgfalt pflegten. *Socrates.*

Die Freundschaft ist ebenso der Jugend behilflich, um sie vor Verirrungen zu bewahren, als dem Alter, um es zu pflegen und das zu ergänzen, was seine Schwäche ihm nicht selbst zu thun erlaubt, — und den Jahren der besten Kraft, um sie bei den sittlich schönen Handlungen zu unterstützen. *Aristoteles.*

Der Reiche, der Herrscher und der Mächtige bedürfen der Freunde am meisten, denn was nützte ihnen das Glück, wenn ihnen die Möglichkeit, Andere glücklich zu machen, die man am besten und ruhmvollsten gegen Freunde übt, entzogen wird, oder wie liesse sich dieses Glück bewahren und erhalten ohne Freunde? *Aristoteles.*

Leichter wird es dem Betrübten, wenn der Freund seine Betrübniss theilt. *Aristoteles.*

Das Weh des Freundes fordert Mitleid. *Euripides.*

Tröstlich ist der Freund durch seine Erscheinung und sein Wort; andrerseits aber ist es uns unangenehm, den Freund über unser Unglück betrübt zu sehen. Daher hüten sich die stärkeren Naturen davor, die Freunde an ihrem Unglück theilnehmen zu lassen, — überhaupt suchen sie weinerliche Charaktere von sich fern zu halten, weil sie selbst keinen weinerlichen Charakter haben.

Degegen Weiber und weibisch gesinnte Männer finden Geschmack an Denen, die mit ihnen jammern, und lieben sie als freundschaftliche und theilnehmende Seelen.
Aristoteles.

Nicht einen jeden Freund lass sehn deine tiefsten Gedanken,
Wahrlich, nur wenige sind, die sich bewähren dir treu.
Theognis.

Niemals gib um nichtigen Wahn den geachteten Freund auf,
Schlimmer Verläumdung sofort, Kyrnos, erschliessend dein Ohr,
Zürnt um Verirrungen Jeder sogleich jedwedem der Freunde,
Nimmer verstände man sich herzlich und liebend annoch
Unter einander: dem Loose der Sterblichen folget der Irrthum. *Theognis.*

Wenn von meinen Freunden mich einer im Unglück er-
blicket,
Kehrt er seitwärts das Haupt, thut, als säh' er mich
nicht;
Wenn mir aber ein Glück, was nur ganz selten, begegnet,
Dann wird Gruss mir und Kuss reichlicher Liebe gezollt.
Theognis.

Wenn vollends auch die Verehrer der Tugend sich entzweien über den Einfluss, den sie im Staat haben, und sich aus Missgunst verfolgen, wo bleiben dann die Menschen, die Freunde werden und Treue und Redlichkeit üben sollen?

Es ist was Schlechtes um den Eigennutz, was Gehässiges um die Missgunst.

Dennoch findet die Freundschaft durch alle diese Schwierigkeiten hindurch den Weg, und knüpft zwischen Edeln und Rechtschaffenen ihre Bande. *Socrates.*

Wie schlimm ist Zwietracht unter Freunden!
Euripides.

Liebe deine Freunde. *Solon.*

Glücklich sind, die da lieben und werden wieder
geliebet! *Bias.*

Wenn du gross bist, sei menschenfreundlich, denn es ist besser geliebt, als gehasst werden. *Bias.*

Wer edle Freunde von sich stösst, verstösst
Sein eigen Leben, das er mehr als Alles liebt.
Sophocles.

Es ist ein schweres Unrecht, wenn wir Menschen,
Ohne ihr Inneres zu prüfen, vorschnell hassen.
Euripides.

Unrecht ist, einen edeln Mann im Tode
Beschimpfen, ob er auch verhasst dir war.
Sophocles.

Seid freundlich gegen eure Freunde, damit sie's bleiben, und gegen eure Feinde, damit sie eure Freunde werden! *Kleobulos.*

Das bittere Wort verletzt, auch wenn's gerecht ist.
Sophocles.

Ein freundlich Wort zähmet oft verstockten Sinn.
Sophocles.

Wenn der Freund mit Worten dich letzet oder mit Thaten,
Zwiefach lass ihn fühlen; doch wenn er bereuend sich wieder
Nahen will, des Unrechts bewusst, dann komm ihm entgegen. *Hesiod.*

Es ist Pflicht der Klugheit, wo möglich Beleidigungen zu verhüten, aber wo dieses nicht möglich, wird eine weise Rücksicht auf unsere eigene Ruhe uns von der Rache zurückhalten. *Democrit.*

Heile nicht Uebel mit Uebel. *Herodot.*

Die grössten Leiden bringt der Zorn dem Menschen.
Euripides.

Du irrst, wenn du vernunftentblösten Zorn
Und Eigensinn für heilsam dir erachtest.
Sophocles.

Es ziemt nicht, Leid mit gleichem Leid vergelten.
Sophocles.

Niemand darf unter irgend einem Vorwand Unrecht
mit Unrecht vergelten. *Socrates.*

Der Tugend weich' ich lieber als dem Hass.
Sophocles.

Nicht mitzuhassen, mitzulieben bin ich da.
Sophocles.

IX.

Des Lebens Flucht und Leid. Lebensgenuss. Jagen nach Reichthum. Wahres Glück. Zufriedenheit. Ergebung im Unglück. Hoffnung.

Ihr Menschengeschlechter, ach, gleich dem Nichts
Seid all' ihr Lebende zu achten!
Denn wer auf Erden erreichet mehr des Glücks,
Als dass er sich glücklich träumt,
Und nach dem Traume hinabsinkt? *Sophocles.*

Kurze Zeit nur blühet die Rose, und ist sie vorüber,
Findest du Rosen nicht mehr, findest du suchend nur Dorn. . . . .

Kurz ist das Leben, lang die Kunst. *Hippocrates.*

Wenn du mit Schönheit dich brüstest, bedenke, es blüht auch die Rose,
Aber in Kurzem verwelkt, liegt sie verachtet im Staub'.
Blumen und Schönheit sie sind für gleiche Dauer geschaffen,
Welken meist hin zugleich beide die neidische Zeit. . . . .

Es welket der Erde Kraft, des Leibes Stärke,
Die Treue stirbt, Untreue wuchert auf,
Unwandelbar ist auch die Freundschaft nicht,
Nicht zwischen Männern und nicht zwischen Völkern.
Was heut gefällt, ist morgen widerwärtig,
Der eine preiset, was der andre tadelt.
Es kommt der Tag, wo fest verschlungne Hände
Um leichten Vorwand auseinander fahren
Und nach dem Schwerte greifen. *Sophocles.*

Der ewigen Ordnung beuget gern der Weise sich.
Aeschylos.

O, dieses Menschenleben! Wenn es glücklich ist,
Ein Schatten kann es wandeln! Ist's voll Leid, so tilgt
Ein feuchter Schwamm das Bild hinweg, — vergessen ist's,
Und mehr denn jenes schmerzt mich das Vergessensein!
Aeschylos.

Ich bin ein Mensch und habe keinen Anspruch,
Dass es mir Morgen besser geh', als dir. *Sophocles.*

Ach, ein Thor nur kann
Von heut' auf Morgen seine Rechnung machen.
Das Morgenroth gehört dir eher nicht,
Bis diesen Tag du glücklich überstanden. *Sophocles.*

Hoffe, — doch hoffe nicht zuviel! . . . .

Wünsche nichts Unmögliches! *Bias.*

Immer stiehlt uns die Hoffnung die Hälfte des Lebens,
und unser
Letzter Morgen kommt zahllosen Sorgen zuvor. . . .

Wir leben einen kleinen Theil des Lebens nur.

Menander.

Was wir schauten, können wir begreifen,
Was die Zukunft hüllt, bleibt uns verschlossen.

Sophocles.

Vor seinem Tode weiss kein Mensch gewiss,
Ob er ein Kind des Glückes oder Unglücks.

Sophocles.

Quäle dich nicht vor der Zeit
Mit Gedanken an mögliches Unglück! *Euripides.*

Schon Menschen hat ein böser Traum gequält;
Drum sei getrost, — wer nicht dessgleichen achtet,
Der trägt am leichtesten des Lebens Bürde.

Sophocles.

Keiner, der noch so sich mühet, kann wissen, was ihm beschieden,
Ob das Unglück, das Glück, — Götter senden uns das.
Mancher meinte was Schlimmes zu thun, und wirkte das Gute,
Und wer Gutes gewollt, hat nur Verkehrtes gethan.
Sterbliche sind wir, und sinnen vergebens, tappend im Finstern,
Und wie es ihnen genehm, lenken die Götter das All.
Theognis.

Die Zeit enthüllet, was verborgen war;
Sie bricht den eisenharten Muth, und selbst
Die höchsten Eide. *Sophocles.*

Es stürzt das Glück den Glücklichen und hebt
Empor den Tiefbetrübten; was da kommt
Das weiss kein Seher. *Sophocles.*

Aus tiefem Elend steigt der Eine hoch empor,
Indess der Andre von der höchsten Höhe plötzlich stürzt,
Wo er sein Glück für ew'ge Zeit gegründet wähnte.
Euripides.

Viel vermag das Geschick, obschon es unglaublich dir dünke,
Kleine erhebt's, in den Staub stürzet es Grosse herab.
Malven und Schilfrohr verschont es, aber die höchsten Platanen
Oder die Eichen streckt täglich zu Boden der Sturm.
Lukillios.

Preiset keinen glücklich vor seinem letzten Tag,
Denn ohne Leid geht Keiner durch das Leben.

Sophocles.

Das ist Gesetz in alle Ewigkeit,
Dass frei von Leid keines Sterblichen Leben.

Sophocles.

Keine List bezwingt des Schicksals ewige Kraft.

Aeschylos.

Nimmer noch ward glückselig ein Irdischer, sondern in Mühsal
Ringen sie alle, wie viel ihrer die Sonne bescheint.

Theognis.

Thöricht ist der Wunsch nach langem Leben,
Denn Erfreuliches bringt es wenig;
Besser ist's bei Zeit aufstehen vom Mahle,
Als über Mass und Dank geniessen;
— Im Tode endet ja doch
Spiel und Tanz und jegliche Freude.

* * *

Nicht das Licht zu erblicken wäre das Beste,
Oder von hinnen gehn, wenn kaum geboren,
Denn nach dem heitern Spiel schuldloser Kindheit
Ach welch Leid trifft uns, wenn wir hinaus
In des Lebens bittre Qual getreten!
Zwietracht, Hader, Kampf und Mord,
Neid und Missgunst, und zuletzt dann
Kommt das Alter, traurig, ungesellig,
Entkräftet, verachtet, alles Ueble
In sich vereinend.

Sophocles.

Leben, wer lässt dich gern der Lebendigen? Reich an Betrübniss
Bist du fürwahr; gleich schwer ist, dich ertragen und flieh'n.
Vieles beut die Natur, Holdseliges, Erde, Gewässer,
Sterne, die leuchtende Sonn', und in den Nächten der Mond,
Aber das Andre ist Leiden und Furcht, und wenn auch 'mal einer
Freude geniesset, es folgt bald die Enttäuschung drauf.

Aesopos.

Gleich wie die Blätter im Walde, so sind die Geschlechter der Männer!
Wenige Sterbliche nur, die mit dem Ohr es gehört,
Nehmen sich dies zu Herzen; denn jeglichem koset die Hoffnung,
Welche vom Tag der Geburt wächst in der Jünglinge Brust.
Freut sich ein Sterblicher noch an ersehnter Blüthe der Jugend,
Strebet er, eitelen Sinns, viel Unerreichbares auch.
Denn nie hegt er Gedanken zu alteren oder zu sterben,
Nie auch, derweil er gesund, hat er das Leiden bedacht.
Thörichte, denen im Sinn dies wurzelte, dass sie nicht einsehn,
Wie gar spärlich die Zeit Blühens und Lebens doch ist
Sterblichen: dies wahrnehmend sei du bis zum Ziele des Daseins
Wacker, und deinem Gemüth gönne des Schönen Genuss.

Simonides.

Wie die Frühlingsblätter, die in der blumigen Jahrszeit
    Schnell entspriessen, sobald wärmer die Sonne sie lockt,
So blühn wenige Zeit wir in der Blüthe der Jugend
    Fröhlich und kannten da Lust, kannten die Schmerzen noch nicht.
Aber die Schicksalsgöttinnen schweben uns drohend zur Seite,
    Eine sendet uns bald Alter, die andre den Tod.
Einen Tag nur dauert der Jugend Blüthe; die Sonne
    Steigt und sinket, mit ihr sank auch die Blüthe dahin.
Und ist diese vorbei, die Zeit der geniessenden Jahre,
    Ach, da wünsche man sich lieber als Leben den Tod.
Denn da treffen die Seele gar viele Beschwerden; den Einen
    Häuslicher Kummer, es drückt Armuth den trauernden Geist;
Jener wünschet sich Kinder, und wenn er am meisten sie wünschet,
    Muss er zur Erd' hinab in der Geschiedenen Reich;
Diesen naget und frisst die Muth-auszehrende Krankheit,—
    Jedem Sterblichen schickt Zeus des Schmerzes vollauf.

Mimnermos.

Staub nur bin ich, ich weiss es, ein Sterblicher, aber betracht' ich,
    Sterne, den kreisenden Lauf eurer verschlungenen Bahn,
Dann, o, glaub' ich die Erde nicht mehr mit dem Fuss zu berühren,
    Trank der Unsterblichen schlürf' selig entzücket ich ein.

Ptolomaeos.

Die Erde liegt rein im reinen Himmel.   *Plato.*

Des Tages Kinder — was sind wir, was nicht?
Des Schattens Traum
Sind Menschen; aber wo Ein Strahl, vom Gotte gesandt naht,
Glänzt hellleuchtender Tag dem Mann
Zum anmuthigen Leben. *Pindar.*

Es ist nur ein Ziel und nur ein Weg zur Glückseligkeit:
Harmlosen Sinns und heiter seine Zeit durchleben.
Wenn aber um den Geist ein Heer von Sorgen flattert,
Wenn Tag und Nacht du um der Zukunft willen
Das Herz zermarterst, — dann ist fruchtlos all dein
Streben. *Bakchylides.*

Schön ist des Menschen Leben, wo du auch immer es
fassest.
Ehr' und kluges Geschäft bietet der Markt dir, das Haus
Ruhe; der Acker den Reiz der Natur; die bewegliche
Meerfluth
Schätze; das fremde Gebiet, wenn du begütert bist,
Ruhm.
Hast du nichts, — wer weiss es? Vermählst du dich, freut
dich des Hausstands
Blüthe; vermählst du nicht, freut dich die Freiheit
dafür.
Kinder sind Lust; Sorglosigkeit schafft dir der Kinder
Entbehrung;
Jugend ist voll von Gewalt, Alter ist voll von Verstand.
Drum bleibt nicht dir die Wahl, gar nimmer geboren zu
werden,
Oder gleich sterben, denn sieh: herrlich ist Alles bestellt.
Metrodoros.

Eine Welt liegt zwischen der Lipp' und dem Rand des
Bechers. . . . .

Blühe mir, liebes Gemüth: bald werden ja andere Menschen
Hier umwalten, doch ich modre zu düsterem Staub.
Theognis.

Gesundheit, älteste der Seligen!
Möchte ich wohnen mit dir mein übriges Leben hindurch,
Und möchtest du auch huldreich mit mir wohnen! —
Denn wenn der Reichthum Reize hat,
Wenn Kinder erfreuen, wenn der glücklichen Herrschaft
Glanz,
Wenn Lieb' ergötzet, die wir mit der Kypris heimlichem
Netz
Erjagen und wenn auch andere Freuden mehr
Von Gott uns blüh'n, nach Mühe
Der erquickenden Ruhe Genuss: —
O selige Göttin,
Gesundheit! so entsprosseten sie mit dir,
Denn mit dir blühet der Grazien Lenz,
Und ohne dich gibt's keinen Glücklichen je. *Ariphron.*

Erstes Gut ist dem Erdensohn Gesundheit,
Zweites, schön von Gestalt einherzuwandeln,
Und das dritte schuldloser Besitz,
Aber das vierte: hold schwärmen im Freundeskreis.

. . . . .

Wer stets nach Erhabenem ringet, geniesst nicht,
Was ihm die Erde bietet. *Euripides.*

Nicht Gold schwellt meine Seele,
Ich neide keinen Herrscher,
Mein Kummer ist, mit Rosen
Das Haupt mir zu bekränzen,
Mit Oel mein Haar zu salben;
Ich sorge nur für heute,
Was weiss der Mensch von Morgen?
Nun heiter lacht der Himmel,
Geniesse, scherze, tanze,
Eh' eine Krankheit nahend
Dir ruft: hör auf zu trinken. *Anacreon.*

O Wein, du Labsal der Menschen,
Gesund erhältst du uns Alle,
Gesund an stattlichen Gliedern,
Gesund an Milde des Herzens. *Anacreon.*

Lasst den Becher uns fassen,
Und die Sorgen verscheuchen,
Denn was kann es uns frommen,
Sich zu härmen und klagen?
Kennen wir etwa die Zukunft?
Nacht ist der Sterblichen Leben. *Anacreon.*

Die schwarze Erde trinket,
Es trinken die ragenden Bäume,
Es trinkt das Meer die Lüfte,
Die Sonne trinkt es wieder,
Und der Mond er trinkt die Sonne:
Was wehrt ihr mir's drum, Freunde,
Wenn ich zu trinken fordre. *Anacreon.*

Freunde, frisch auf zum Gelag! Auch dies ist Weisheit,
 wenn einer
Mit den Gästen des Mahls sich am Weine erlabt.
Denn kein Leben ist das, so dünkt mich, oder das Leben
 Eines Erbärmlichen nur voll Kümmerniss, wenn sich
 des Weines
Altklug Einer enthält, und mit anderem Trunke den
 Durst löscht.
Ist doch der Wein, wie das Feuer, ein Schatz dem Ge-
 schlechte der Menschen,
Edel, der Noth Abwehr, des Gesangs vieltreuer Be-
 gleiter,
Durch ihn wird ja der Freud ihr heiliges Recht und
 der Festpracht,
Durch ihn regt sich der Tanz, durch ihn die gepriesene
 Liebe.
Darum magst du mit fröhlichem Sinn beim Mahle Be-
 scheid thun,
Wie sich's geziemt, und nicht, wie nach gierigem Frasse
 der Geier
Stumpfen Gemüths dasitzen, der edleren Freude ver-
 gessend. *Panyasis.*

Trinkt und schämet euch nicht, ihr Freunde, des tiefe-
 ren Zuges.
Ist ein geehrtes Geschenk doch von den Göttern der
 Wein.
Denn er gewähret ein fröhliches Herz dem verständigen
 Manne,
Selber der Jahre vergisst, seiner geniessend der Greis.
Trinkt, und lasset fortan trübselige Rede! Die Sorge
 Und der Partheien Gewog lasst dem offenen Markt!

Fern auch bleibe uns wüstes Gezänk! Nicht schleudert
    den Becher
Köstlichen Trankes voll über die Tafel hin,
Sondern der Liebe gedenkt, gedenkt des eroberten Kusses,
    Den nach reizendem Kampf endlich das Mädchen ge-
        währt.
Sinnet auf Tanz und Cithergetön, mit dunkeln Violen
    Kränzet das Haar, das gesalbt mit süssduftendem Oel.
O, was wäre das Leben, des Weins und Gesanges ent-
        behrend!
Darum, Freunde, geniesst, trinkend und singend ein
        Lied!   . . . . .

Nackt betrat ich die Erde und nackt geh' ich unter die
    Erde,
Was soll ich plagen mich um des Goldes Gewinn?
Palladas.

Wer zu gierig nach Ruhm, nach Ehre und Anseh'n
    strebet,
    Der begibt sich in Noth, und in die grösste Gefahr.
Wer am meisten besitzt, der wünschet sich immer mehr
    noch,
    Und missbraucht, was er hat, selber zum Schaden sich.
Drum begehre ich nichts, als recht zu denken und handeln,
    Dann erblühet mir Glück, frei von Kummer und Pein.
Solon.

Wozu suchen wir Arme uns Arbeit und machen uns Sorgen,
Wozu jagen wir immer nach Geld und Geldesgeschäften,
Rastlos, nur bedacht, dass wir noch mehr uns erwerben?
Wir vergessen es Alle, dass wir nur sterbliche Menschen,
    Und nur kurz die Zeit, die uns zum Leben gegeben.
Bion.

Wenn nicht um alle Schätze
Mein Leben ich kann verlängern,
Wozu mein gieriges Jagen?
Ist doch mir Tod beschieden,
Was nützet dann das Gold mir. *Anacreon.*

Der Reichthum kann nicht das höchste Gut sein, denn er ist nur nützlich, nur Mittel zu andern Zwecken.
Aristoteles.

Reich sein dünket dem Haufen der Menschen die einzige
Tugend,
Was du auch sonst magst sein, Alles kat keinen Werth.
Theognis.

Gar hoch geachtet wird von Menschen Hab und Gut;
Der Edle selbst, wenn dürftig, wird für nichts geachtet.
Euripides.

Schneller eilet der Sterblichen Herz, des Truges
Schnöden Gewinnst, denn des Rechtes Pfade, zu wählen,
Schleicht es gleich so zu bitterer Reue Qualen. *Pindar.*

Oft sind die Bösen mit Reichthum beglückt, und die
Edlen entbehren,
Und doch wollen wir nie Tugend tauschen um
Glück;
Denn die Tugend sie währet ewig und unvergänglich,
Aber des Menschen Glück wandert von Manne zu
Mann. *Solon.*

Der Menschen schnödeste Erfindung ist das Geld.
Geld treibt den Mann vom Heerd hinaus, es richtet
Städte zu Grund, es lehret Alles, macht den Sinn ver-
wirrt,
Es lehrt die Guten selbst das Schlechte thun.
Sophocles.

Des Goldes Macht ist grösser als des Wortes.
Euripides.

An aller Menschen Leiden ist der Reichthum Schuld,
Der blind, vom Zufall nur vertheilt ist. *Timocreon.*

Zu zart gewöhnt sind alle Glücklichen. *Aeschylos.*

Feig ist Reichthum, und ein lebenslust'ger Wicht.
Euripides.

Wenn gleich reich, sei nicht faul. *Thales.*

Der Reichthum eines habsüchtigen Menschen gleicht
der Sonne, wenn sie unter ist; sie erfreut Niemanden.
Socrates.

Schmach, wer um Geldeslohn seine Seele verkauft.
Sophocles.

Gleisnerischen Vortheils Gewinn lass', o Freund, dich
Nimmer verblenden. — *Pindar.*

Bereichere dich nicht durch unrechte Mittel.
Thales.

Wehe der Pracht, die goldgewirkt
Mit befleckter Hand! *Aeschylos.*

Scham ist bei Armuth stets, ein freudiger Muth bei dem
Reichthum,
Nur sei er redlich erworben, nicht durch Gier und Gewalt!
Was wir geraubt schamlos, oft durch unsrer Zunge
Frechheit,
Kurz ist sein Besitz, die Götter nehmen es wieder.
Hesiod.

Güterbesitz erfreute mich wohl, doch möcht' ich mit
Unrecht
Nicht ihn gewinnen, es folgt immer die Strafe darauf,
Und ob lang' auch sie säum', es bleibt nichts ewig verborgen,
Jedes Verbrechen kommt einmal endlich an's Licht.
Solon.

In des Glückes Garten wächst
Unersättlicher Jammer wuchernd. *Aeschylos.*

Unrecht Gut,
Durch List erworben, das gedeihet nicht. *Sophocles.*

Die schnöde Habsucht bringt mehr Leid als Freud.
Sophocles.

Gewinnsucht hat die Menschen
Verlockend oft in Tod gestürzt. *Sophocles.*

Mit Ehren verloren ist besser, als mit Schande gewonnen. *Bias.*

Das höchste, durch menschliche Thätigkeit erreichbare Gut ist: Glückseligkeit. Was aber Glückseligkeit eigentlich ist, darüber herrschen Zweifel, und die Menge versteht etwas anderes darunter, als die Weisen.
Aristoleles.

Zur Glückseligkeit gehört eine vollkommene Tugend, und ein vollkommenes Leben. *Aristoteles.*

Nicht auf dem äusseren Schicksal beruht das Glück oder Unglück; vielmehr, wenn auch das menschliche Leben des äusseren Glückes bedarf, so entscheiden doch über die Glückseligkeit die der Tugend entsprechenden Thätigkeiten, und über die Unseligkeit die entgegengesetzten. *Aristoteles.*

Wahres Glück beruht nicht auf äusseren Besitzungen, sondern auf Weisheit, welche in der Erkenntniss und Ausübung der Tugend besteht. *Socrates.*

Der redliche Mensch allein ist glücklich, und es ist thöricht, Dinge zu trennen, die ihrer Natur nach so eng verbunden sind, wie Tugend und Vortheil. *Socrates.*

Der Glückselichste ist, wer keine Schlechtigkeit in der Seele hat. *Plato.*

Nur der Reichthum der Seele ist wahrer Reichthum
allein nur;
Alles Uebrige hat grössere Sorge, als Werth. . . . .

Das höchste Gut ist etwas, das dem Menschen innerlich zukommt, und ihm nicht leicht zu nehmen ist.
Aristoteles.

Ich führe alle meine Schätze mit mir. *Bias.*

Das höchste Gut, das wir suchen, muss Selbstzweck sein, und selbstgenügend. *Aristoteles.*

Glückselig ist das Leben dessen, der in Ausübung der Tugend thätig ist. *Aristoteles.*

Was nicht das Erstreben und Erlangen der Glückseligkeit fördert, ist von keinem Werth. *Epicur.*

Wenn Jemand in Uebereinstimmung mit der vollkommenen Tugend handelt, und mit äusseren Gütern hinlänglich versehen ist, und das nicht blos auf kurze Zeit, sondern ein ganzes, volles Leben, — was hindert uns, ihn glückselig zu nennen? *Aristoteles.*

Wenn man ohne die äusseren Güter nicht glücklich sein kann, darf man doch nicht glauben, dass viele grosse Güter dazu gehören; — denn auch mit mässigen Mitteln lässt sich's tugendhaft leben. *Aristoteles.*

Ohne Tugend ist es nicht leicht, das äussere Glück auf schickliche Weise zu tragen. *Aristoteles.*

Man kann nicht angenehm leben, wenn man nicht weise, sittlich, gut und gerecht lebt, noch weise, sittlich, gut und gerecht, ohne Wohlsein. *Epicur.*

Glücksgenuss ist der erste der Preise,
Edlen Rufs Besitz das zweite
Loos, und wo irgend ein Mann
Beide Gaben fand und errang,
Der hat der Kränze schönsten gebrochen.
Pindar.

Gute Gesundheit, bescheidenes Auskommen, und ein Geist reich an Erkenntniss, das sind die Hauptbestandtheile des Glücks. *Thales.*

Die sind glücklich, welche hinreichend mit äusseren Dingen versehen sind, ehrenvoll handeln, und mässig leben. *Solon.*

Ob mein Geschick auch niedrig, — der Armuth
Reines Gewissen sei genug mir!
Reichthum hilft mir nichts,
Wenn ich in Uebermass des Glückes
Frech die Gerechtigkeit trete mit Füssen. *Aeschylos.*

Heil der armseligen Hütte, dem rauchschwarzen Dach,
Wo Recht und Frömmigkeit wohnt! *Aeschylos.*

Mein mag mässiges Glück sein! Denn
Des Ruhmes Uebermass lastet schwer. *Aeschylos.*

Stets schmücke mich bescheidener Sinn, der Götter schönste Gabe! *Euripides.*

Gar keine Bedürfnisse haben, ist allein den Göttern vorbehalten; so wenig als möglich bedürfen bringt uns den Göttern am nächsten. *Socrates.*

Reich sein wünsch' ich mir nicht, nur Weniges sei mir
 beschieden,
Aber dass ich's geniess ohne Sorg und Verdruss.
Theognis.

Genügsamen Sinn preis' ich; frei von Leid
Geht er immer den Pfad der Weisheit.
Aeschylus.

Wenn jede Freude sich vom Menschen wendet,
Dann ist sein Leben nur lebend'ger Tod.
Ob ihm der Reichthum füllet Haus und Hof,
Ob ihm das Haupt die Herrscherkrone schmücket,
Fehlt ihm der Frohsinn, die Zufriedenheit,
Dann ist das Andre all' nicht so viel werth
Als eines Rauches Schatten. *Sophocles.*

Frech bläht sich auf der Könige Stolz, selbstherrisch
Nach ihrem Belieben walten sie; viel glücklicher
Lebt sich's im Niedern, wenn auch fern von Glanz,
In sichrer Ruhe doch! Genügsamkeit
Ist besser, als unmässig Glück, das niemals
Dem Menschen Gutes schafft; Zufriedenheit
Ist seliges Loos. *Euripides.*

Ein Thor erkennt das Gute dann erst an,
Wenn er es weggeworfen. *Sophocles.*

Der Götter schönste Gabe ist bescheidner Sinn.
Euripides.

Viele gar reiche Menschen sind unglücklich, und Viele, denen nur ein mässig Theil beschieden, haben ein gutes Loos. *Herodot.*

Diejenigen sind am seltensten reich, die es am meisten verdienten. *Aristoteles.*

Kein Glückseliger kann unselig werden, da er niemals das Schlechte und hassenswerthe thun wird.
Aristoteles.

―――――

Meist sind selbstverschuldet die Uebel, an denen die Menschen
Leiden, die Armen, dieweil das nahegelegene Gute
Sie nicht hören und sehn, noch des Uebels Erlösung ergründen. *Pythagoras.*

―――――

Die traurigsten
Von allen Uebeln sind die selbstgeschaffnen.
Sophocles.

―――――

Wenn durch eigene Thorheit ihr Schweres habet erlitten,
Bürdet den Göttern nicht auf Eueres Unglücks Schuld.
Solon.

―――――

In dem Unglück pflegen die Sterblichen frühe zu altern. *Homer.*

―――――

Kurz ist das ganze Leben dem Glücklichen, aber dem Elend
Dünckt eine einzige Nacht gleich einer Ewigkeit.
. . . . .

―――――

In grossem Schmerz ein allzutiefes Schweigen
Bedeutet oft ein unheilschwangres Sinnen. *Sophocles.*

―――――

Im Unglück trotze nicht! *Sophocles.*

―――――

Trage dein Unglück mit **Geduld**. *Herodot.*

―――――

Freue dich mit den Fröhlichen, doch wenn dir Leid in dem Herzen
Nagt, behalt' es für dich, niemand werd' es gewahr.
Theognis.

Nichts ist doch so eitel und unbeständig auf Erden
Als der Mensch von Allem, was Leben haucht und sich reget.
Niemals denket er je, dass Böses ihm droh' in der Zukunft,
Während die Götter ihm Glück verleihn, und die Kniee noch streben;
Doch wenn Trauriges dann ihm bescheiden die seligen Götter,
Trägt er mit Unmuth sein Loos, und weiss nicht, wie er sich fasse. *Homer.*

Harre nur aus, mein Herz, schon Schlimmeres hast du erduldet. *Homer.*

Thor, es ziemt dir nicht, wie ein feiger Mann zu verzagen. *Homer.*

Nimmer erheb' sich ein Mann zu frevelem Unfug, sondern
Still und in Demuth trag' er, was ihm die Ewigen schicken.
Homer.

Stets bedenke, dass Tod das gemeinsame Loos ist hienieden.
Und dass irdisches Gut man gewinnt bald, bald auch verliert.

Wenn auch des Himmels Geschick den Sterblichen
Schmerzen bereitet,
Nun, dann trage dein Theil, und zeige nicht trotzigen
Murrsinn.
Doch zu heilen geziemt, so viel du vermagst, und bedenken,
Dass den Guten die Last des Geschicks doch nimmer
zu schwer wird.
Pythagoras.

Das Unvermeidliche trag' mit Geduld! *Euripides.*

Uebe dich in Gelassenheit. *Thales.*

Es muss sein Leiden, wenn's ein Gott verhing,
Der Mensch ertragen. *Aeschylos.*

Was Gott gefügt, das traget stille! *Sophocles.*

Fasse dich, Herz, im Leide, du hast auch Gutes genossen,
Keiner entgeht dem Geschick, trag' es ergebenen Sinn's.
Theognis.

Nicht darf der Geist sich beugen dem Ungemach,
Denn wir gewinnen nichts durch die Traurigkeit.
Alkäos.

Der wahrhaft tugendhafte und beständige Mann wird seine Schicksale aufs Beste und in jeder Hinsicht Angemessenste tragen, ohne Klage. *Aristoteles.*

Auch im schwersten Unglück leuchtet das sittlich Schöne durch, wenn man's mit Ergebung trägt, nicht aus Gefühllosigkeit, sondern aus edlem, hochherzigen Sinn. *Aristoteles.*

    Mein Verhängniss muss ich
So leicht ertragen, als ich kann, mir klar bewusst,
Dass Schicksals Allmacht unbezwinglich ist. *Aeschylos.*

Ob auch in Leid, — so lang es Tag, bewahrt euch
Der Seele frohen Muth, denn, wenn ihr todt,
Ist alle Lust dahin. *Aeschylos.*

Wenn in der Zeit der Noth dem Verzweifelnden
Wolken des Grams das Aug in Nacht, hüllen, die Götter
  Richten ihn auf in des Unglücks Last. *Aeschylos.*

Wenn dein Herz von schwerem Kümmerniss gebeugt,
Wirf dich keck der Feinde Speer' entgegen,
Auf dich selbst vertrauend; aber wenn den Sieg
Du errungen, jauchze laut nicht vor der Welt,
Noch, wenn du besiegt, versink in dumpfen Gram,
Sondern freue dich des Glücks, und härm' dich nicht
Zu sehr des Unglücks, denn es wechselt Alles.
                                        Archilochos.

    Muth! Muth! Der Schmerzen Mittag währt nicht lange Zeit. *Aeschylos.*

    Der rauhe Winter weicht dem milden Lenze,
    Die Nacht mit ihrem Graun entflieht, sobald
    Der lichte Tag erscheint in seinem Glanze,

Des Windes sanfter Hauch bezähmt das Meer,
Und selbst der Schlaf, der Alles fesselnde,
Er lässt uns los aus seinen Banden wieder,
So wollen denn auch wir besonnen sein,
Und vor der Götter Macht uns beugen. *Sophocles.*

Verzage nicht, des Menschen Schicksal wechselt,
Und war's voll Leid, die Zeit bringt Freude wieder.
  Sophocles.

Willst, o Sterblicher du, das Meer des gefährlichen Lebens
  Froh durchschiffen und froh landen im Hafen dereinst,
Lass, wenn Winde dir heucheln, dich nicht vom Stolze
  besiegen,
  Lass, wenn Sturm dich ergreift, nimmer dir rauben
  den Muth.
Männliche Tugend sei dein Ruder, der Anker die Hoff-
  nung,
  Wechselnd bringen sie dich durch Gefahren ans Land.
  . . . . .

Von der Zukunft hoffe das Beste. *Euripides.*

Die Zeit besänftigt deinen Schmerz. *Euripides.*

Glücklich, wer seines Leids Erinnerung verliert!
  Euripides.

Hoffnung und Liebe sind des Lebens fröhliche Schwestern,
  Jene flieget voran, diese regiert den Flug,
Trägt auf ihren Schwingen, und weht der leidenden Seele
  Kühlenden Athem zu, hebt und erquicket sie sanft.

Untrennbare! verlasst mich nimmer, ihr lieblichen Schwestern,
Ohne die Hoffnung sind Leben und Liebe dahin. ...

Niedergeworfen im Sturm schwamm auf dem Strome der Eichbaum
Rohrgebüschen vorbei. „Was thut ihr, sprach der Erlegte,
Dass ihr so aufrecht steht, und trotzet dem Sturme?"
„Wir trotzen
Keinem Sturme, wir beugen uns ihm, drum stehen wir aufrecht." ...

X.

Der Tod.

Vieles ist staunenswerth, doch nichts
Staunenswürdiger, als der Mensch!
Furchtlos eilt er die schimmernde Fluth hindurch
Trotz des Südens Sturm, sein Ruderschlag
Zähmt und beherrscht die brausenden Wogen.

Selbst die hehrste der Götter, die Mutter Erde,
Sie, die nie sich erschöpfende, immer gebärende,
Weiss er zu beugen unter seine Herrschaft,
Jahr für Jahr mit dem Pflug sie durchfurchend,
Und stampfenden Rossen.

Flüchtig beschwingter Vögel Chor
Fängt er schlau mit seinen Garnen,
Fängt das schweifende Wild des Feldes,

Fängt im Meere die salzige Brut
Mit den listig gewundenen Netzen;
Selbst das mähnige Ross bezwingt er,
Mit dem engen Joch es umschliessend,
Und den Bergstier, der ungezähmet
Frei die Wälder der Berge durchwandelt.

Es lernt der Mensch der Sprache Gebrauch,
Des Denkens Gewandheit, und die Kunst,
Staaten zu ordnen.
Wenn der Frost die Fluren verödet,
Wenn der Regen herniederstürzt,
Weiss er Schutz; weiss Rath und Hilfe,
Selbst im Voraus gegen das Künftige;
Schwere Seuchen weiss er zu heilen,
Nur vor dem Tode weiss er nicht
     Rettung. *Sophocles.*

Keiner der Sterblichen stieg jemals mit Schätzen beladen,
 Die er im Leben erwarb, in des Vergessens Reich;
Auch vermag den Tod und mürrisches Alter und Krankheit
 Keiner von sich hinweg zu weisen mit Lösegeschenk.
        Solon.

Wie Räder am Wagen entrollet
Das menschliche Leben von hinnen;
Wir liegen, sobald die Gebeine
Vermodert, ein Häuflein Staubes. *Anacreon.*

Die Todten sehen das Licht des Tags nicht wieder.
        Euripides.

Das Licht zu schauen ist des Menschen höchstes Glück,
Nur Wahnsinn sehnt sich nach dem Tode. *Euripides.*

Ein furchtbar Uebel ist der Tod. *Euripides.*

Möchte von Krankheit frei, und von den beschwerenden
Sorgen
Sechszig bejahrten mich einst treffen das Todesgeschick!
Mimnermos.

Uns bleibt nur die eine Hoffnung, dass der Tod
All unsre Noth einst endet. *Aeschylos.*

Verhasst mit Unrecht ist der Tod den Sterblichen,
Der alles Leides bester Heiland ist. *Aeschylos.*

O, Tod mein Heiland!
Du allein bist meiner unheilbaren Qual Erretter,
Kein Schmerz mehr trifft mich, wenn ich todt bin.
Aeschylos.

Du bist vollbracht, Nachtwache meines Daseins.
Aeschylos.

Im Tode hat des Lebens Müh' ein Ende.
Sophocles.

O süsser Tod! o Retter du,
Komm, bringe mich zu meiner Ruh,
Mach meiner Qual ein Ende! *Sophocles.*

Ruhmvoller als ein elend Leben ist der Tod.
Aeschylos.

Rühmlich sterben ist der Menschen süsser Trost.
Aeschylos.

Für's Recht zu sterben ist ein schöner Tod. *Sophocles.*

Am glücklichsten ist,
Wer hinstirbt ohne Besinnung. *Euripides.*

Man muss mit heiligem Schweigen sterben. *Plato.*

Sterben ist nicht das Schlimmste, doch sterben nicht
können,
Wenn wir uns darnach sehnen. *Sophocles.*

Gar nicht sein, das wäre den Erdegebornen das Beste,
Niemals zu schauen der Sonn' alles versengenden Strahl,
Oder, wenn doch geboren, dann wenigstens möglichst
schnelle
Gehen dahin, wo still uns der Hügel deckt.
Theognis.

Wenn der Tod zu dem Menschen herankommt, so stirbt, wie es scheint, das Sterbliche an ihm, das Unsterbliche aber geht unversehrt und unverwüstlich fort und entfernt sich, indem es dem Tod aus dem Wege geht. *Plato.*

Mensch, du fürchtest den Tod? Und bist ja lebend im
Tode;
Fliehest die Schatten? Und trägst mit dir der Schatten
Gebiet,
Deinen Körper. Entflohn dem Kerker quälender Schatten
Lebet einst auf dein Geist, mit den Unsterblichen frei. . . .

Tugend nur und der Weisheit Grazie folgt in den Tod uns,
 Unabtrennlich, und hier lassen sie blühende Frucht.
So lebt Plato, so lebt Homeros, sie nahmen der Weisheit
 Quelle mit sich, und uns labt der erquickende Strom.

          Magst du Liebes thun
Dem Todten oder Leides, ihm gilt beides gleich,
Denn weder Freud noch Schmerz erreicht ihn mehr.
Aeschylos.

Fern von der Heimath, Vater, konnt' ich deinen Tod
Beweinen nicht, noch deiner Leiche folgen mit
Klageruf, erhobnen Armes, da man dich begrub.
So weih' ich jetzt ein ärmlich trauerreich Geschenk
Des tiefsten Grames treuen Gruss auf deine Gruft,
— Die Trauerlocke. *Aeschylos.*

Von dem, was Todten ziemt, nichts zu verkürzen,
Erheischt die Religion. *Euripides.*

     Schmäht nicht die Todten! *Euripides.*

V.
Römisch.

Römisch

I.

Natur. Vernunft. Tugend. Tugendglück. Weisheit. Uneigennütziges Pflichtgefühl.

In unserm Thun dürfen wir nie dem allgemeinen Naturgesetz zuwiderhandeln. *Cicero.*

Ich folge der Natur, als der besten Führerin und gehorche ihrer Stimme, wie einer Gottheit. *Cicero.*

Naturgemäss leben heisst: der Tugend treu bleiben.
Cicero.

Glücklich leben und naturgemäss leben ist eins.
Cicero.

Der Natur gemäss leben und in einem solchen Zustand sich befinden, worin man sich möglichst gut, d. h. der Natur möglichst entsprechend fühlt, ist das Höchste.
Cicero.

Du irrst, wenn du glaubst, dass die Fehler mit uns geboren werden, sie sind von Aussen gekommen, und uns zugeführt. Die Natur hat uns makellos und frei geschaffen. *Seneca.*

Zu allem Guten tragen die Seelen die Keime in sich, welche durch Ermahnung geweckt werden. Die Tugend richtet sich auf, sowie sie berührt und angeregt wird. *Seneca.*

Unsere Natur ist trefflich eingerichtet, wir müssen ihr nur treu bleiben. *Seneca.*

Die Tugend ist der Natur gemäss, das Laster ist ihr widerstrebend und sündlich. *Seneca.*

Die Natur muss man zur Führerin haben, auf sie richtet die Vernunft ihr Augenmerk, und nimmt sie zur Rathgeberin. *Seneca.*

Alle Tugenden sind Aeusserungen der Vernunft.
Seneca.

Die Vernunft ist die Richterin über Gut und Böse.
Seneca.

Was ist das Beste am Menschen? Die Vernunft. Durch sie geht er den Thieren vor, und kommt den Göttern nahe. *Seneca.*

Die Vernunft will, dass die Tugenden die Beherrscherinnen aller Dinge seien. *Cicero.*

Was die reine Vernunft empfiehlt, ist gediegen und ewig, kräftigt den Geist und hebt ihn auf die Höhe, die er nie mehr verlassen wird. *Seneca.*

Nur die Tugend ist erhaben und steht hoch, und nichts ist gross, was nicht zugleich leidenschaftslos ist.
Seneca.

Die Tugend ist etwas Hohes, Erhabenes, Königliches, Unüberwindliches, Unermüdliches. *Seneca.*

Ueberall voran sei die Tugend, sie trage die Fahne!
Seneca.

Keinem ist die Tugend verschlossen, Allen steht sie offen, Alle lässt sie zu, Alle lädt sie ein, Freigeborne, Freigelassne, Sclaven, Könige und Vertriebene, sie sieht nicht die Familie an, noch das Vermögen: der Mensch allein ist ihr genug. *Seneca.*

Ein edler Sinn ist Allen möglich, dazu sind wir Alle von Adel. *Seneca.*

Tugendhaft ist, wer so lebt, dass sich seine Treue und Biederkeit, sein Gleichmuth und Edelsinn bewährt, dass ihn keine Leidenschaft und Sinnenlust oder Unbesonnenheit beherrscht, und dass er eine feste Denkart beweist; er folgt, soweit es Menschen möglich ist, der Natur, als der besten Führerin auf dem Weg zur Tugend.
Cicero.

Eine Seele, welche die Wahrheit erkennt, kundig dessen, was zu meiden und was zu erstreben ist, welche nicht nach dem Wahn, sondern nach dem wahren Wesen den Werth der Dinge beurtheilt, welche in die Tiefen des Weltganzen eindringt, im Denken wie im Handeln gleich thätig, so erhaben als kräftig, vom Widrigen wie vom Angenehmen gleich unbesiegt, keinem Geschick sich beugend, über alle Begegnisse und Zufälle emporragend, schön mit Würde, bei voller Kraft besonnen und nüchtern, leidenschaftlos und unverzagt, von keiner Macht gebrochen, durch kein Ereigniss hochmüthig noch niedergedrückt, — das ist die Tugend. *Seneca.*

Aller Ruhm der Tugend besteht im Handeln.
Cicero.

Wer wird leugnen, dass die Tugend ihr Wachsthum in Thaten erproben, und nicht nur bedenken soll, was zu thun sei, sondern zur Zeit auch Hand anlegen und den Gewinn des Forschens in die Wirklichkeit treten lassen muss. *Seneca.*

Einzig aus Tugend geht ein seliges Leben hervor, eine überschwängliche Seligkeit. *Cicero.*

Glaube mir, es ist eine ernste Sache, um die rechte Freude. *Seneca.*

Das Vergnügen ist nicht der Lohn, noch der Beweggrund der Tugend, sondern eine Zugabe. — Das höchste Gut liegt im Innersten des Bewusstseins, und in dem Wesen einer edlen Seele. *Seneca.*

Es gibt kein bleibendes Gut, ausser welches das Herz in sich findet. Nur die Tugend gibt unwandelbare, harmlose Freude; was etwa Widerliches sich entgegenstellt, ist wie die Wolke, die unten vorüberzieht, ohne das Licht des Tages zu verdunkeln. *Seneca.*

Das höchste Gut ist ein mit sich selbst einiges Gemüth. Wo Uebereinstimmung und Harmonie ist, da walten Tugenden, wo Zwietracht das Laster. *Seneca.*

Das höchste Gut ist das sittlich Gute. *Seneca.*

Die Glückseligkeit des Lebens ist durch vollkommene Tugend vollendet. *Cicero.*

Nicht das Leben selbst ist ein Gut, sondern das rechte Leben. *Seneca.*

Was die Seele bessert, ist das einzige Gut.
Seneca.

Weise ist, wer sein ganzes Glück in sich selber sucht, und alle irdischen Zufälle seiner Tugend unterordnet. *Cicero.*

Brauchst keine Gottheit, wenn du weise bist.
Juvenal.

Der Weise ist sich selbst genug *Seneca.*

Tugend ist, vor dem Laster entflieh'n, und der Weisheit
      Beginn ist:
 Ledig der Thorheit sein. *Horaz.*

Die Tugend öffnet denen den Himmel, die
Des Lebens werth sind; wandelt die Bahn, die noch
 Betrat kein Andrer, und verachtet
 Fliehend das Volk aus dem Sumpf der Erde.

         Horaz.

Göttlicheres hat Gott dem Menschen nicht gegeben, als sein Gewissen. *Cicero.*

Je ferner vom Schaugepränge und den Augen des Volkes, desto rühmlicher die That. Die erhabenste Schaubühne für die Tugend ist das Gewissen. *Cicero.*

Nicht dem Urtheil der Leute, — unserem Gewissen müssen wir folgen. *Seneca.*

Ein gutes Gewissen ruft der Zeugen Menge herbei, ein böses ist auch in der Einsamkeit geängstet und sorgenvoll. *Seneca.*

Kein Bösewicht kann glücklich sein. *Juvenal.*

Viele befreit das Glück von der Strafe, Niemand von der Furcht. *Seneca.*

Böse Thaten werden vom Gewissen gegeisselt, und dieses hat eine Menge Martern in sich, indem eine beständige Angst es quält und peitscht. *Seneca.*

Dem Schuldigen ist es eigen, zu zittern. Es würde schlecht um uns stehn, da eine Menge Verbrecher dem Gesetz und dem Richter und den geschriebenen Strafen, sich entziehen, wenn nicht in jenen natürlichen und schweren Strafen, denen Keiner entfliehen kann, die Vergeltung läge, und wenn nicht die Furcht an die Stelle des äusseren Leidens träte. *Seneca.*

Bei allem Thun leite uns das Recht, nicht Scheu vor Zeugen. *Cicero.*

Es liegt in dem Wesen einer edlen Seele, sich über das Gute zu freuen und über das Gegentheil sich zu betrüben. *Cicero.*

Nichts ist liebenswürdiger als die Tugend, nichts gewinnt die Herzen mehr, als sie, da wir ja nur um der Tugend und Rechtschaffenheit willen auch Menschen, die wir nie sahen, gewissermassen lieben und schätzen. *Cicero.*

Jede Tugend hat ihren Anstand, gleichwie Liebreiz und Schönheit mit einem gesunden Körper verbunden ist. *Cicero.*

Die Tugend bedarf keiner Schönheitsmittel; sie selbst ist ihr schönster Schmuck. *Seneca.*

Die Erfüllung einer Pflicht wird erst dadurch zu etwas Gutem, wenn sie freiwillig war. *Cicero.*

Die Tugend thut nichts aus Zwang. *Seneca.*

Eine Handlung hat keinen sittlichen Werth, wenn nicht das ganze Herz dabei war, es auch nur zum kleinsten Theil sich widerspenstig bewiesen hat. *Seneca.*

Kein Mann von fester Denkart kann durch irgend einen Zufall in die Versuchung kommen, auch nur die geringste seiner Pflichten zu versäumen. *Cicero.*

Das Sittlich-Gute müssen wir ohne Rücksicht auf irgend einen Nutzen, eine Belohnung oder einen Gewinn, rein nur seiner selbst willen achten und erstreben.
Cicero.

Einem guten Menschen kann niemals etwas vortheilhaft dünken, was nicht zugleich sittlich gut ist.
Cicero.

Die Meisten erkennen in den menschlichen Angelegenheiten nichts für gut, was nicht Vortheil bringt.
Cicero.

Wer da denkt, dies ist zwar Pflicht, aber jenes ist vortheilhafter, der erfrecht sich, in seinem Wahn zu scheiden, was von Natur verbunden ist, und schliesst damit eine Quelle unzähliger Betrügereien, Bosheiten und Schandthaten auf. *Cicero.*

Was unsittlich ist, hann niemals nützlich sein, und die Meinung schon, dass etwas Unsittliches nützlich sein könne, ist ein wahres Unglück. *Cicero.*

Nichts, was der Gerechtigkeit zuwiderläuft, kann Nutzen und Vortheil bringen. Wer nicht zu dieser Ueberzeugung gelangt, wird nie ein rechtschaffener Mann werden.
Cicero.

Es bringt nie Nutzen, wenn man Unrecht thut, weil es stets sittlich schlecht ist, und es bringt immer Nutzen, wenn man als rechtschaffener Mann handelt, weil es stets sittlich gut ist. *Cicero.*

II.

Selbsterkenntniss. Selbstüberwindung. Besonnenheit. Bezähmung der Leidenschaften. Gut und bös Beispiel.

Ein Jeder bleibe sich treu, nicht in seinen Fehlern, aber in seiner Eigenthümlichkeit; darum erforsche Jeder seine Gemüthsart, seinen Charakter. *Cicero.*

Vor Allem müssen wir in uns selbst hineinschauen.
Seneca.

Warum betrügen wir uns selbst? Nicht ausser uns ist unser Gebrechen, es ist in uns, haftet in unserm Innersten. *Seneca.*

Gefehlt haben wir allzumal, der Eine schwer, der Andre leichter, der Eine vorsätzlich, der Andre vom Zufall getrieben, oder durch eines Andern Schlechtigkeit verführt. *Seneca.*

Wenn Einer auch sein Herz so gut gereinigt hat, dass ihn fürder nichts mehr irre machen kann, zu einem untadeligen Wandel hat er's doch nur durch Fehlen gebracht. *Seneca.*

Einem guten Menschen ist es lieb, wenn man ihn auf seine Fehler aufmerksam macht; je schlechter Einer ist, desto widerlicher ist ihm der Tadel. *Seneca.*

Die Fehler Anderer fallen uns in die Augen, unsere eigenen sehen wir nicht. *Seneca.*

Wir reissen einander wechselweise zu Fehlern hin. *Seneca.*

In's Innere der Natur müssen wir eindringen und in ihrem Heiligthum ihren Willen erforschen. Einen andern Weg zur Selbsterkenntniss gibt es nicht. *Cicero.*

Wir Alle fühlen uns durch einen innern Drang zur Erkenntniss der Wahrheit hingezogen. *Cicero.*

Man muss so lange lernen, als man lebt. *Seneca.*

Es lebt nur, wer seine Kräfte braucht. *Seneca.*

Auf keines Meisters Worte will ich blindlings schwören. *Horaz.*

Unwissenheit schuf die Unterwelt und ihre Schattenbilder. *Cicero.*

Wir sollen es dahin bringen, dass die Begierden der Vernunft gehorsam sind. *Cicero.*

Wie lange ich lebe, das hängt nicht von mir ab, dass ich aber, so lange ich lebe, sittlich gut sei, das ist in meiner Gewalt. *Seneca.*

Man ist noch nicht gut, wenn man besser als die Schlimmsten ist. *Seneca.*

Vorwärts! Lass uns beharrlich weiter streben! Noch ist mehr zu thun übrig, als wir schon gethan, aber es ist schon ein grosser Fortschritt, fortschreiten zu wollen von ganzem Herzen. *Seneca.*

Sind denn die Krankheiten der Seele weniger schädlich, als die des Leibes? *Cicero.*

Wenn man in's Aug' ein Splitterchen sich sticht,
  So beut man Alles auf, es schnell herauszubringen,
Nur an der Seele Heilung denkt man nicht;
  O, eilt, so wird sie euch mit halber Müh' gelingen!
Seid weise, wagt's, fangt unverzüglich an,
  Benutzt die Zeit, bald kann das Ende nah'n. *Horaz.*

Unbesonnenheit findet sich zumeist bei der Jugend, Klugheit beim Alter. *Cicero.*

Besonnenheit lenkt den Sturm der Leidenschaften und besänftigt ihn, sie widersetzt sich jeder Sinnenlust, und behauptet in allen Dingen einen sich selbst überwindenden Gleichmuth. *Cicero.*

Willst du dir Alles unterwerfen, so unterwerf dich selbst der Vernunft. *Seneca.*

Nichts ist, was beharrlicher Fleiss, aufmerksame und gewissenhafte Sorgfalt nicht überwinden könnte.
Seneca.

Es ist leichter, ein ganzes Volk, als einen — Mann überwinden. *Seneca.*

Wer nach richtigen Grundsätzen mit sich selbst zufrieden sein kann, der hat nicht allein sich selbst überwunden, sondern Alles und Alle. *Cicero.*

Wer kann sagen, er habe sich gegen keines der Gesetze verfehlt? Und gesetzt auch, du könntest das, was ist das doch für eine beschränkte Unschuld, nur vor dem Gesetz gut zu sein! Wie geht doch der Umfang der Pflichten so viel weiter, als die Regel des Rechts! Wie Vieles fordert die Religion, die Menschenliebe, die Freigebigkeit, die Gerechtigkeit, die Treue, was Alles auf den Tafeln des bürgerlichen Gesetzes nicht steht! *Seneca.*

Vor seinem innern Richter wird kein Schuldiger
Je freigesprochen, wenn er auch der Strafe
Des staatlichen Gesetzes oft entgeht. *Juvenal.*

Keiner wird schwerer bestraft, als wer der Folter der Reue übergeben wird. *Seneca.*

Tief in unser Herz gepflanzt sind die Keime aller Tugend. Kämen diese zur Entfaltung, so würde uns die Natur selbst eine vollkommene Glückseligkeit schaffen. Doch sobald wir an's Licht der Welt treten, treiben auch Verkehrtheiten aller Art und der Wahn ihr betrügerisches Spiel, so dass wir gleichsam mit der Ammenmilch den Irrthum einsaugen müssen. *Cicero.*

Der Weg zu den Tugenden ist nicht, wie Manche meinten, steil und rauh, auf ebner Bahn gelangt man zu ihnen.

Was gewährt mehr Ruhe, als ein ruhiger Geist? Was macht mehr Mühe, als der Zorn? Wo erholt ihr euch besser, als bei der Sanftmuth? Was macht euch mehr zu schaffen, als die Grausamkeit?

Mit einem Wort, die Pflege jeglicher Tugend ist leichter, der Dienst des Lasters kommt hoch zu stehen.

Seneca.

Keine Leidenschaft ist so wild, dass sie nicht durch strenge Zucht sich bezwingen liesse. *Seneca.*

Die Leidenschaften sind ebenso schlechte Diener als Gebieter. *Seneca.*

Frei ist, wer nicht ein Sclave seiner selbst bleibt. Sein eigener Sclave sein ist die höchste Sclaverei.

Seneca.

Die **Wollust** hindert das Denken, sie ist eine Feindin der Vernunft, sie verblendet, so zu sagen, die Augen des Verstandes, sie hat keine Gemeinschaft mit der Tugend. *Cicero.*

Achte die Lüst' unwerth, es betrügt schmerzkostende Wollust. *Horaz.*

Wer einmal dem Sinnengenuss unterworfen, der ist es auch dem Schmerz. *Seneca.*

Die Vernunft sieht nur auf die Sache selbst, um die es sich handelt, der Zorn lässt sich durch Dinge bestimmen, die keinen Grund haben, und nicht zur Sache gehören. *Seneca.*

Zorn ist, was aus den Schranken der Vernunft hinausgeht, und sie mit fortreisst. *Seneca.*

Am besten ist, die erste Aufwallung des Zorns sogleich zurückweisen, in seinem Keim ihm zu widerstehen, und sich darum zu bemühen, dass man nicht in Zorn gerathe. Denn wenn er angefangen hat, uns vom rechten Weg abzuziehen, so hält es schwer, in den unverdorbenen Zustand zurückzukehren, weil keine Vernunft da ist, wo die Leidenschaft einmal eingedrungen und ihr mit unserem Willen eine Art von Recht eingeräumt worden ist. *Seneca.*

Vielfach Gemengsel beim Essen das schadet dem Leib und dem Geist selbst,
Drückt ihn herunter, den Hauch der beseelenden Gottheit, zum Staube.
Weisst du denn gar nicht, wie dein Geld du besser verwendest?
Warum lässest du doch den Armen unverdient darben?
Warum gönnst du der Heimath nichts von all deinen Schätzen? *Horaz.*

Leidenschaft macht den Menschen unglücklich, und Leidenschaftslosigkeit sein Glück. *Cicero.*

Mit der Wurzel vernichtet sei
Ganz die böse Begier! *Horaz.*

Wenn die Seele die Dienstjahre der Sinnenlust, des Ehrgeizes, der Streitsucht, der Feindschaften bestanden, kommt sie im Alter zu sich selber, und lebt sich selber.
Cicero.

Es gibt nichts Schlimmeres, als Schande, Verbrechen, Laster. *Cicero.*

Besser ein rühmlicher Tod, als ein schmachvolles Leben. Wohlfahrt und Ehre sind unzertrennlich.
Tacitus.

Da, wo fehlt der Sitten Zucht
Schändet das beste Talent das Laster. *Horaz.*

Schande ist das grösste aller Uebel. *Cicero.*

Wem über'm Frevlernacken das blose Schwert
Herabhängt, — nicht die süssesten Speisen
Erkünsteln Wohlschmack ihm, und
Vogelsang und der Cither Klänge
Bringt ihm nicht Schlummer. *Horaz.*

Keiner irrt nur für sich, sondern er ist auch Grund und Urheber des Irrens Anderer. *Seneca.*

Wir Alle sind gelehrig, nachzuahmen
Was bös und schändlich ist. *Juvenal.*

Man nimmt den Charakter von denen an, mit denen man umgeht. *Seneca.*

Wir bedürfen Jemandes, nach dem sich unser Charakter bilde. *Seneca.*

Tugend ist schwer zu finden, sie braucht einen Leiter und Führer. Die Laster lernen sich auch ohne einen Lehrer. *Seneca.*

Wir müssen uns irgend einen edlen Mann aussuchen, den wir stets vor Augen haben, damit wir leben, als schaue er uns zu, und immer handeln, als sehe er es. *Seneca.*

Nichts flösst leichter den Gemüthern das Gute ein, und ruft die unentschiedenen und zum Verkehrten sich neigenden zum Guten zurück, als der Umgang mit tugendhaften Männern. *Seneca.*

Gleichwie manches Heilkraut, ohne dass man es kostet oder berührt, durch seinen Geruch schon nützt, so ergiesset ein edler Charakter seine Segnungen auch aus der Ferne und Verborgenheit. *Seneca.*

Das Andenken grosser Männer ist uns so nützlich, als ihre Gegenwart. *Seneca.*

Du gibst viel, wenn du auch nichts gibst, als ein gutes Beispiel. *Seneca.*

III.

Vergnügen. Glücksgüter. Habsucht. Genügsamkeit. Ruhm. Ehrgeiz. Stand.

Wer viel auf Vergnügen hält, der beobachte Mass im Genusse. *Cicero.*

Das geistige Vergnügen ist grösser, als das sinnliche. *Cicero.*

Das ist ein enger Geist, der seine Lust an irdischem Stoff hat. *Seneca.*

Glücklich zu leben ist der Wunsch Aller, aber zu erkennen, was es sei, wodurch das Leben glücklich werde, dazu fehlt ihnen die Einsicht. *Seneca.*

Die Regel der Alten ist, man soll dem besten Leben nachgehen, nicht dem angenehmsten. *Seneca.*

Wer nicht glücklich ist, besitzt das höchste Gut nicht. *Seneca.*

Für den Glücklichen gibt es nur ein Gut, die Sittlichkeit, nur ein Uebel, die Unsittlichkeit *Seneca.*

Geringe Metalle werden an der Oberfläche gewonnen, die köstlichsten sind die, deren Adern die Tiefe birgt, und die dem anhaltend Grabenden immer reichlicher sich darbieten.

Was die Welt ergötzt, gibt gehaltlose und oberflächliche Lust, und jede Freude, die von Aussen uns zugeführt ist, ermangelt des Grundes.

Wirf daher von dir und zertritt jene Dinge, die von Aussen glänzen, und die von Andern dir versprochen werden, trachte nach dem wahren Gut, erfreue dich dessen, was dein ist.

Was ist aber Dein? Du selbst und der bessere Theil deines Ich. *Seneca.*

In den körperlichen Gütern und Genüssen liegt eine Erhöhung der höchsten Seligkeit, aber die Seligkeit selbst kann ohne sie bestehen. Der Zuwachs an solchen Gütern ist so klein und geringfügig, dass er, wie Sterne im Sonnenschein, im Glanz der Tugend verschwindet. *Seneca.*

Ein grosser, starker Geist schätzt alle äusseren Güter gering, festhaltend an dem Grundsatz, dass für den Menschen nichts bewunderungswürdig, wünschens- und erstrebenswerth ist, als Tugend und Recht.
Cicero.

Das höchste Gut ist ein das Zufällige geringschätzendes, mit seiner Tugend sich begnügendes Herz, oder eine unüberwindliche Stärke der Seele, voll Einsicht, ruhig im Handeln, dabei reich an Menschenliebe und voll Berücksichtigung Derer, mit denen man lebt. *Seneca.*

Den Reichthum zu lieben verräth ein enges, kleines Herz, und nichts ist besser und erhabener, als gegen Geld gleichgültig sein, wenn man es nicht hat, und es als Wohlthäter und Menschenfreund zu gebrauchen, wenn man es hat *Cicero.*

Kann man bezweifeln, dass ein reicher Mann mehr Mittel hat beim Reichthum, seinen Geist auszubilden, als in der Armuth? *Seneca.*

Reichthum stimmt und erheitert den Weisen, wie den Schiffenden ein günstiger, fördernder Wind, wie ein schöner Tag, und in Winterszeit und Frost ein sonniger Platz. *Seneca.*

Wer nur immer von Habsucht getrieben, dem
Folgen die Furcht und die Angst, wohin er geht;
Die finstre Sorge weichet vom Schiff ihm
Nicht, und setzt sich mit ihm zu Rosse. *Horaz.*

Dem, der Vieles begehrt, mangelt auch viel; beglückt
Ist der, welchem verlieh Gott mit der sparsamen
Hand soviel ihm die Nothdurft stillt. *Horaz.*

Wer aufspart dem Erben zulieb, und allzusehr karget,
Wohnet dem Tollen nicht fern, drum trinket und freut
euch des Lebens!
Horaz.

Wem Unverhofftes zu Theil wird, den treibt sein Hoffen bis zur Unverschämtheit. *Seneca.*

Reichthum macht, dass man sich selbst überschätzt.
Seneca.

Die kann man Recht beklagenswerth nennen, welche durch das Uebermass von Glück in einen Geistesschlaf versinken, welche wie auf einem sturmlosen Meer thatenlose Ruhe gefangen hält. *Seneca.*

Viele, die sich Reichthum erworben, haben dadurch ihrem Elend kein Ende gemacht, sondern demselben nur eine andere Gestalt gegeben. *Cicero.*

Den meisten Genuss vom Reichthum hat, wer desselben am wenigsten bedarf. *Seneca.*

Um glücklich zu leben braucht es nicht viel äusserer Dinge. *Seneca.*

Beglückt ist Jener, welcher fern vom Geldgeschäft,
   Wie das Geschlecht der Vorzeit einst,
Der Ahnen Fluren pflügt mit eignem Stiergespann,
   Von allem Wuchersinne frei;
Den nicht die wilde Schlachtdrommete ruft zum Kampf,
   Den nicht des Meeres Toben schreckt,
Der den Gerichtshof meidet, und grossmächtiger
   Mitbürger stolze Schwellen flieht! *Horaz.*

Fliehe die Pracht der Grossen! Du kannst auch in niederer Hütte
Königen leicht an Freuden und wahren Freunden voraus sein. *Horaz.*

Froh des bescheidnen Glücks, das dir wurde, lebst du ein Weiser. *Horaz.*

Flieht mich das Glück, dann lass ich, was es verlieh,
   Und hülle mich in meine Tugend,
     Suchend die dürftige, brave Armuth. *Horaz.*

Wer sich innerhalb des natürlichen Masses hält, wird nichts von Armuth spüren; wer das natürliche Mass überschreitet, von dem wird auch bei den grössten Schätzen die Armuth nicht lassen. *Seneca.*

Wer mit der Armuth gut auskommt, ist reich. *Seneca.*

Lebst du nach der Natur, so wirst du nie arm sein, nach dem Vorurtheil — niemals reich. *Seneca.*

Einfachheit der Lebensweise ist freiwillige Armuth. *Seneca.*

Schon darum allein sollte man Armuth lieb haben, weil sie zeigt, von wem man geliebt wird. *Seneca.*

Arm ist nimmer der Mann, der das, was er braucht, genug hat. *Horaz.*

Glücklich lebt mit Wenigem, wem des Vaters
    Salzfass glänzt bei seiner bescheidnen Mahlzeit,
Wem die Furcht nicht, noch die Begier den sanften
    Schlummer hinwegscheucht!
Warum trachten wir in dem kurzen Zeitraum
    Nach so Vielem? sehnen uns weg in
Andere Länder? Uns selber entfliehen
    können wir nimmer.
Wer der Gegenwart sich erfreut, niemals
    Denk der Zukunft er, und ein heiteres Lächeln
Mildert Herbes ihm — denn zu allen Stunden
    Glücklich ist Niemand. *Horaz.*

Nicht der ist wahrhaft glücklich, der viel besitzt,
Der heisst mit grösserem Recht ein Glücklicher,
    Der wohl versteht der Götter Gaben
    Weise zu nützen, und zu ertragen
Den Druck der Armuth, welcher die Frevelthat
Mehr als den Tod scheut. Freudig und unverzagt
    Stirbt dieser für die trauten Freunde
    Und für das Land, das ihn erzogen.
                                           Horaz.

Sei mir viel oder wenig, wenn ich mir selber nur lebe,
    Was ich zu leben noch habe.   *Horaz.*

Nicht um Arabiens Schätze vertausche ich meine Freiheit.
                                                      Horaz.

    Der Begehrlichkeit ist nichts genug, die Natur ist zufrieden mit Wenigem.   *Seneca.*

    Leicht zu erwerben ist, was die Natur versagt — da ist der Tisch bald gedeckt.   *Seneca.*

    Der Hunger kostet wenig, theuer ist nur die Leckerheit.   *Seneca.*

    Lerne mit Wenigem zufrieden sein, und rufe gross und muthvoll das Wort aus: „Wir haben Wasser, wir haben Brod."   *Seneca.*

    Gross ist der Mann, der irden Geschirr braucht wie Silberzeug, aber nicht kleiner der, welcher sein Silbergeschirr gebraucht, als ob es irden wäre.

    Schwachen Gemüthes ist, wer den Reichthum nicht ertragen kann.   *Seneca.*

Dahin seien alle deine Gedanken gerichtet, dafür sorge, dies wünsche, dass du zufrieden seiest mit dir, und mit den Gütern, die aus dir selbst kommen.
Seneca.

Genügsamkeit, Mässigung, Willenskraft, das ist der Weg zu den Sternen. *Seneca.*

Der Ruhm ist der Schatten der Tugend, er begleitet sie auch ohne ihren Willen. *Seneca.*

Wer wahren Ruhm haben will, der thue was recht ist.
Cicero.

Der wahre Ruhm besteht im Beifall aller Redlichen; er ist das Echo, der Schatten der Tugend. *Cicero.*

Hüte dich vor Ruhmsucht, denn sie untergräbt die Freiheit, für die ein jeder hochherzige Mann ununterbrochen kämpft. *Cicero.*

Traurig ist ein ehrsüchtiges Jagen nach Ehrenstellen.
Cicero.

Schade, dass sich in dem hochklopfenden, grössern Herz so leicht der Eigensinn und die übermässige Sucht, der Erste zu sein, einnistet. *Cicero.*

Das Urtheil des grossen Haufens ist kein gewichtvolles Zeugniss. *Cicero.*

Wer sich vom Wahn eines unwissenden, grossen Haufens abhängig macht, der darf nicht zu den grossen Männern gezählt werden. *Cicero.*

Nimmer jage ich nach dem Beifall der wankenden Menge. *Horaz.*

Soviel Bewundrer, so viel Neider. *Seneca.*

Der Pöbel, gedankenlos, ohne Wahres vom Falschen zu unterscheiden . . . *Tacitus.*

Die Nachwelt zollt Jedem den ihm gebührenden Preis. *Tacitus.*

Hohem Stand ziemt hoher Sinn. *Seneca.*

Plato sagt, es gebe keinen König, der nicht von Sclaven, und keinen Sclaven, der nicht von Königen stamme. Das Alles hat ein langer Wechsel gemischt, und das Schicksal zu unterst und oberst gekehrt. Wer ist also edel geboren? Der nur, den die Natur für die Tugend wohl ausgerüstet hat.

Die Gesinnung adelt; durch sie können wir uns aus jedem Stand über die Gunst des Glückes erheben. *Seneca.*

Es ist ein grosser Unterschied zwischen erhabener und zwischen hochfahrender Gesinnung. *Seneca.*

Was helfen Ahnentafeln? Was doch nützt es,
Von altem Blut zu stammen?
Und hinzuweisen auf gepinselte Gesichter
Der Vorwelt?
Ob dir dein Vorhaus auch von alten Wachsgesichtern
An allen Wänden prangt, so bleibt
Die Tugend doch der einzig wahre Adel. *Junenal.*

IV.

Schicksalswechsel. Ergebung. Standhaftigkeit. Muth. Gleichmuth und Seelengrösse des Weisen.

Das Glück ist Keinem so ergeben, dass es ihm in allen Unternehmungen treu bliebe. *Seneca.*

Wenn auf der Höhe dein Schiff ist, gib Acht, ein verändertes Lüftchen
Wirft dich hinab in die Tiefe! *Horaz.*

Das Glück trägt seinen Sturz in sich selber.
Seneca.

Niedrige Sterbliche hebt das Schicksal empor,
Und Triumphe verwandelt's in Leichenzüge. *Horaz.*

Ein Raub ist Alles, was man hat. *Seneca.*

Kein Gut macht seinen Besitzer glücklich, wenn seine Seele nicht darauf gefasst ist, es wieder zu verlieren. *Seneca.*

Gebete sind nichts als Tröstungen für das bekümmerte Herz. Das Schicksal selber lässt sich nicht bewegen durch Bitten, nicht stimmen durch Mitleid oder Vorliebe, es geht seinen unerbittlichen Gang. *Seneca.*

Königreiche vom niedrigsten Rang haben sich über die Herrscher der Welt erhoben; längst bestandene Throne sind mitten in ihrer Herrlichkeit in Staub gesunken. *Seneca.*

Wer sich nicht beherrschen kann, sei es im Glück oder Unglück, der ist verächtlich. *Cicero.*

Das Unglück macht das menschliche Herz weich.
Tacitus.

Im Schmerz siehe stets darauf, dass du nicht weibisch, feige, knechtisch oder niederträchtig handelst. Auch der Mann darf mitunter seufzen, aber es muss selten sein. *Cicero.*

Lass unmännliches Jammern! *Horaz.*

Es gibt einen Anstand auch im Schmerz, den muss der Weise sich bewahren; und wie in allen Dingen, so gibt es auch in den Thränen ein Genug. *Seneca.*

Bei Thoren fliesst der Schmerz wie die Freude über.
Seneca.

Die meisten Menschen berechnen nicht, wie viele Freuden sie genossen haben; ihr Schmerz ist nicht nur überflüssig, sondern undankbar. *Seneca.*

Alle Schmerzen, alle Mühen sind erträglich. *Cicero.*

Alles ist minder schwer zu tragen, wenn man darauf gefasst ist. *Seneca.*

Tugend, Geistesgrösse, Geduld, Seelenstärke gibt Balsam in die Wunden des Schmerzes. *Cicero.*

Niemals müsse man uns aus Scheu vor Gefahr bang und furchtsam finden. *Cicero.*

Hart muss man das Gemüth gewöhnen, dass es keinen Schlag spürt, es sei denn ein schwerer. *Seneca*

Die feigsten Menschen, die in der Gefahr nichts wagen, sind oft übertrieben in Worten, trotzig mit der Zunge. *Tacitus.*

Wer beständig in Furcht und Angst lebt, ist kein Freier. *Horaz.*

Es ist schwer, das Joch tragen, wenn der Nacken weich ist. *Seneca.*

Fliehet, was euch verweichlicht, fliehet das entnervende Glück, worin der Geist erschlafft, und wie in fortwährender Trunkenheit hindämmert, wenn nicht Etwas kommt, das ihn an's Loos des Menschen erinnert.
Seneca.

Das Missgeschick ist Gelegenheit, eure innere Kraft zu entwickeln. *Seneca.*

Ohne Kampf erschlafft die Tugend. *Seneca.*

Es wächst der Muth bei jedem Blick auf die Grösse des Vorhabens. *Seneca.*

Nicht auf dem Meer nur, oder in der Schlacht zeigt sich der Held, auch auf dem Krankenbett lässt sich tapferer Muth beweisen. *Seneca.*

Scheltet mir nicht die Natur, sie hat uns zu Helden geboren. *Seneca.*

Ein kräftiger Mann im Kampf mit einem bösen Geschick, das ist, zumal wenn er es selbst herausgefordert hat, ein Schauspiel für Götter. *Seneca.*

Die Götter sind auf Seite des Muthigen. *Tacitus.*

Dem Muthigen hilft das Glück, sagt ein altes Sprüchwort, aber mehr noch die Vernunft, die durch ihre Lehren dem Muth erst die rechte Grundlage gibt. *Cicero.*

Leichter trägt sich das unabwendbare Schicksal mit Geduld und Ergebung. *Horaz.*

Das einzige Erleichterungsmittel bei sehr grossen Uebeln ist, dass man dulde und sich in die Nothwendigkeit füge. *Seneca.*

Im Drang des Unglücks suche zu wahren dir
Den innern Gleichmuth, und in Zeiten des Glücks
Halte Mass in der stolzen Freude! *Horaz.*

Wenn dir Unglück nahet, so zeige Muth und
Starken Sinn; doch magst du auch dann die Segel
Einziehn, wenn sie sich bei zu günstigem Fahrwind
Schwellend erheben. *Horaz.*

Selbst im Glück hüte man sich vor einem stolzen hochmüthigen und anmassenden Wesen. *Cicero.*

Schwerer ist's, sich in einer Glücksstellung zu mässigen, die man nicht lange zu geniessen glaubt.
Tacitus.

Das Glück ist nicht nur für sich selber blind, es macht auch diejenigen blind, denen es zu Theil geworden, sie erheben sich über die Andern mit Hochmuth und Eigensinn. *Cicero.*

Immer bleibe ruhig und gelassen, das gibt Gleichmuth und Würde. *Cicero.*

Menschen von fester, standhafter, beharrlicher Gemüthsart sind sehr selten. *Cicero.*

Das Glück kommt an den Pöbel und an Alltagsmenschen; doch das Missgeschick und die Schrecken der Sterblichen zu überwältigen, ist grossen Seelen vorbehalten. *Seneca.*

Durch Gleichgültigkeit gegen das Schicksal ringt man sich los zur Freiheit. *Seneca.*

Wer ist frei? Nur der Weise, der selber sich in Gewalt hat,
Den nicht Dürftigkeit schreckt, nicht Tod, nicht Kerker und Kette,
Der die Begierde zähmt, den Glanz verachtet und Ansehn,
Männlich stark und gefasst, jedwedem Geschicke trotzend. *Horaz.*

Freiheit von Sorge ist des Weisen eigenthümliches Gut. *Seneca.*

Der Weise überwindet das Schicksal durch seine Tugend. *Seneca.*

Der Weise kann nichts verlieren, dessen Verlust ihm zu Herzen ginge; denn die Tugend allein ist sein Besitzthum, und aus dem kann er nicht vertrieben werden; Alles Andre hat er, als ob es nicht sein eigen wäre. *Seneca.*

Die Tugend ist ohne Sorge, allzeit fertig, sie steht unerschrocken, zum Kampf gerüstet. *Seneca.*

Der Weise ist immer glücklich. *Cicero.*

Den Weisen macht das Glück nicht stolz, das Unglück nicht verzagt. *Seneca.*

Die Vernunft verleiht eine Grösse und Würde, die sich mehr zum Gebieten als zum Gehorchen eignet, die alles Irdische nicht allein für erträglich, sondern für geringfügig achtet, und eine Erhabenheit, einen Heldenmuth, der nichts fürchtet, sich vor Niemand scheut, und sich nie besiegen lässt. *Cicero.*

Geistesstärke im Frieden steht eben so hoch als der Muth im Kriege, und bei der ersten giebt es oft noch mehr Mühe und Anstrengung, als bei jenem. Die Tugend der Geistesgrösse und Erhabenheit beruht überhaupt nicht auf Körperkraft, sondern auf der des Geistes.
Cicero.

Stunden und Tage, Monate und Jahre entweichen, die Vergangenheit kehrt nie wieder, und die Zukunft bleibt uns verborgen. Es sollte daher Jeder mit der Zeit, die ihm zum Leben gegönnt ist, zufrieden sein.
Cicero.

Was ist das herrlichste im Menschenleben? Den Geist emporzuheben über die Drohungen und Versprechungen des Schicksals; mit heiterem Sinn das Unglück ertragen; nicht in's Herz kommen lassen arge Gedanken; zum Himmel erheben reine Hände; nicht den Nächsten beneiden um das Seinige; ein wohlgesinntes Herz, und jeden Augenblick bereit zum Sterben.
Seneca.

Misch' kurz dauernden Scherz ernster Weisheit bei,
Süss ist: Schwärmen zur rechten Zeit. *Horaz.*

V.

Familie. Weib. Kind. Erziehung. Jugend. Alter.

Dass Kinder und Verwandte Jedem sein Liebstes seien, hat die Natur gewollt. *Tacitus.*

Was ist angenehmer, als der Gattin so werth zu sein, dass man sich selbst dadurch werther wird!
Seneca.

Nicht ergibt sich ein braves Weib dem gleissenden Buhlen;
Elterntugend und Keuschheit ist ihr reichstes Erbe, und lieber
Wählt sie den Tod, als dass sie sich preis gibt.
Horaz.

Nichts ist so beweglich, als der Wille des Weibes, nichts so unstet. *Seneca.*

Nach verlorener Keuschheit verweigert ein Weib nichts mehr. *Tacitus.*

Mütter wechseln ihre Kinder nicht auf gleiche Weise wie unzüchtige Frauen ihre Buhlen. *Tacitus.*

Sehr viel wird gewonnen sein, wenn man es mit den Kindern gleich in den ersten Jahren auf die rechte Weise anfängt. *Seneca.*

Kein lebendes Wesen ist störrischer, keines will mit mehr Kunst behandelt, keines muss mehr geschont werden, als der Mensch. *Seneca.*

Was unanständig ist zu sagen und zu sehn,
Das müsse nie die Schwelle rühren,
Wo Knaben innen sind. *Juvenal.*

Enthalte dich von dem, was unrecht ist,
Und sei's auch nur um deiner Kinder willen. *Juvenal.*

Erstaunend schnell vermag ein häuslich Beispiel zu vergiften. *Juvenal.*

Die grösste Achtung heischt die Jugend,
Des Kindes Gegenwart halt' dich zurück vom Bösen.
Juvenal.

Die Jugend höre Wahrheit, sei bisweilen schüchtern, immer bescheiden, und gegen Andere ehrerbietig; nie lasse man sie etwas ertrotzen. *Seneca.*

Der Jüngling ehre das Alter, und schliesse sich an die Edelsten und Angesehensten, dass sie mit ihrem Rath und Einfluss ihm eine Stütze seien. *Cicero.*

Dem Alter gebührt eine gewisse Auszeichnung.
Cicero.

Die Krone des Greisenalters ist Achtung, aber sie wird uns nur nach einer tugendhaft verlebten Jugend.
Cicero.

Wer in sich selbst keine Mittel zu einem tugendhaften und glücklichen Leben findet, dem ist jedes Lebensalter beschwerlich. Wer aber alles Gute aus sich selbst schöpfen kann, dem kann auch nichts, was der unabänderliche Lauf der Natur mit sich bringt, als ein Uebel erscheinen, und dahin gehört vorzugsweise das Greisenalter. *Cicero.*

Die Frucht des Greisenalters besteht in der Erinnerung an das zuvor erworbene Gute und im reichen Besitz desselben. *Cicero.*

Das Greisenalter ist die Vollendung des Menschenalters, wie der letzte Aufzug die Vollendung eines Schauspiels ist. *Cicero.*

VI.

Gemeinwohl. Gerechtigkeit. Bürgerpflicht. Herrschaft. Gewaltherrschaft. Liebe zum Vaterland. Krieg.

Der Vortheil des Einzelnen besteht im Wohlsein des Ganzen; wo Jeder nur für sich sorgt, da muss alle menschliche Verbindung aufhören. *Cicero.*

Dem Gemeinwohl sich entziehen ist unnatürlich, denn es ist eine Ungerechtigkeit. *Cicero.*

Was ist für ein Unterschied zwischen Nichtsthun und Begrabensein? *Seneca.*

Die ersten Grundgesetze der Gerechtigkeit sind: Niemand zu schaden und das Gemeinwohl zu fördern.
Cicero.

Gerechtigkeit gewinnt Liebe, weil sie Allen nützlich zu werden trachtet. *Cicero.*

Auch gegen den Geringsten müssen wir gerecht sein. *Cicero.*

Ohne Gerechtigkeit gibt es keine Tugend. *Cicero.*

Nur ein starker, weiser Mann kann Gerechtigkeit üben. *Cicero.*

Viel gewichtiger erscheint die Strafe, wenn sie von einem milden Mann verhängt wird. *Seneca.*

Ich verlange vom starken, hochherzigen Mann, dass er zugleich gut, aufrichtig, ein Freund der Wahrheit und ganz ohne Falsch sei, dass ihm also der vollkommene Ruhm der Gerechtigkeit gebühre. *Cicero.*

Es ist ein grösserer Verstoss gegen das Naturgesetz, den Nächsten aus Eigennutz zu übervortheilen, als alles Ungemach des Leibes, ja, der Seele auf sich zu laden, wenn es die Pflicht der Gerechtigkeit erheischt.
Cicero.

Würden die Streitsachen ohne irgend eine Bezahlung verfochten, so gäbe es weniger. *Tacitus.*

Wer sich zu Gericht setzt, zieht das Freundes-Kleid aus. *Cicero.*

Dein Ohr neige sich nicht leicht zu Denen hin, welche Beschuldigungen vorbringen. *Seneca.*

Wollen wir billige Richter sein, so werden wir vor Allem bedenken, dass kein Mensch ohne Schuld ist. *Seneca.*

Unbefangenheit ist noth und wohlwollende Beurtheilung der Verhältnisse. *Seneca.*

Preis und Ehre dem Staat, wo das Sittengesetz höher steht, als sein anscheinender Vortheil. *Cicero.*

Deinen Mitbürgern gegenüber sollst du dich weder erniedrigen und wegwerfen, noch dich überheben; als Bürger des Staates rathe zum Frieden und Pflichtgehorsam. *Cicero.*

Mir liegt der nach meinem Tod erfolgende Zustand des Staates nicht weniger am Herzen, als sein gegenwärtiger. *Cicero.*

Den braven Mann, der fest und beharrlich ist,
Erschüttert nicht das Toben der Bürger, die
    Unrecht begehren, nicht des Herrschers
    Drohend Antlitz in seinem Vorsatz. *Horaz.*

Das gemeine Volk ist ohne Leitung vorschnell, zaghaft, gedankenlos. *Tacitus.*

Es steht mit der Menschheit nicht so gut, dass das Bessere der Mehrheit gefällt. *Seneca.*

Des Volkes Herrschaft grenzt an Freiheit, die Obergewalt Weniger nähert sich königlicher Willkür.
Tacitus.

Das heisse ich König sein, wenn man's nicht sein will, da man es doch könnte. *Seneca.*

Der erste Pfad zur Herrschaft ist steil, sobald man aber vorgeschritten, stehen Anhänger und Diener zu Gebot.
Tacitus.

Noch nie hat Jemand nach Unterjochung Anderer und nach eigener Herrschaft gestrebt, der nicht die Freiheit und andere glänzende Dinge trügerisch versprochen hätte. *Tacitus.*

. . . sie wandelten die durch Waffen besiegte Freiheit in Knechtschaft um. *Tacitus.*

Man muss lachen über die Albernheit Derjenigen, die, im Besitz der Macht, auch das Gedächtniss der Folgezeit glauben auslöschen zu können. Im Gegentheil, wenn die freien Geister bestraft werden, steigt ihr Ansehn, und die mit solcher Strenge Verfahrenden bringen nicht nur den Bestraften Ansehn und Ruhm, sondern sich selbst Schande zu Wege. *Tacitus.*

Kein König erwirbt sich Ruhm durch hartes Verfahren. *Seneca.*

Eine grausame Herrschaft ist trüb und in Dunkel gehüllt, Alles zittert und bebt vor dem jähen Donnerschlag, und Der selber bleibt nicht unerschüttert, der Alles in Unruhe bringt. *Seneca.*

Man irrt, wenn man meint, da, wo Nichts vor dem König sicher ist, sei der König sicher. *Seneca.*

Einem König sei Keiner so gering, dass ihm desselben Untergang nicht fühlbar wäre; sei er, wer er sei, er ist ein Theil seines Reiches. *Seneca.*

Nichts ist im Stande, eine Herrschaft, die sich auf Furcht gründet, dauerhaft zu machen. *Cicero.*

Es gibt eine einzige Feste, die nicht zu erstürmen, das ist die Liebe des Volkes. *Seneca.*

Für jede Macht ist Furcht eine schlechte Schildwache, aber die Liebe ist getreu bis in Ewigkeit.
Cicero.

Grossartige Gesinnung ziert jeden Sterblichen, auch den, der nichts unter sich hat. Keinem jedoch ziemt die Gnade mehr, als einem Fürsten oder König.
Seneca.

Die Sitten des Staates gewinnen mehr, wo man mit Strafe sparsam ist. *Seneca.*

Die Fürsten merken es wohl, ob ihre Thaten mit Aufrichtigkeit oder nur mit erheuchelter Freude gepriesen werden. *Tacitus.*

Keines der menschlichen Dinge ist so unstät und hinfällig, als der Ruf der Gewalthaber, wenn er nicht auf eigene Kraft sich stützt. *Tacitus.*

Müssiggang hat Könige schon und reiche Städte vernichtet. *Catullus.*

Lieber nicht geboren sein, als Denen beigezählt werden, die zum Unheil der Welt geboren wurden. *Seneca.*

Der beste Tag nach einem schlimmen Regenten ist der erste. *Tacitus.*

Sie sind so selten die glücklichen Zeiten, wo man denken darf, was man will, und sagen darf, was man denkt. *Tacitus.*

Unverständige nannten das Verfeinerung, was schon ein Theil der Knechtschaft war. *Tacitus.*

Länger hinschlummern und das Vaterland der Schmach und Verderbniss überlassen, wäre Feigheit und Erschlaffung, auch wenn die Knechtschaft weniger Gefahr als Entehrung brächte. *Tacitus.*

Lieb sind uns die Eltern, lieb die Kinder, Verwandte und Freunde, aber alle diese Liebe ist in dem Vaterland beschlossen; für dieses zu sterben darf kein Redlicher sich weigern, wenn es das Wohl des Vaterlandes erfordert. *Cicero.*

Dem Weisen ist jeglicher Ort sein Vaterland.
Seneca.

Kein Land ist ein Verbannungsort, es ist nur ein anderes Vaterland. *Seneca.*

Süss ist's und ruhmvoll, sterben für's Vaterland.
Horaz.

Der Zweck des Krieges sei nur die Eroberung des Friedens. *Cicero.*

Der Fluch des Krieges ist, dass sein Glück Alle sich zuschreiben, sein Unglück aber Einem aufgebürdet wird. *Cicero.*

In dem unbesonnenen Getümmel der Schlacht, im Handgemenge mit dem Feinde liegt etwas Niedriges, Thierartiges. *Cicero.*

VII.

Allgemeine Menschenliebe. Rechtlichkeit. Wahrhaftigkeit. Treue. Wohlwollen. Dankbarkeit. Mitgefühl. Freundschaft. Versöhnlichkeit. Schöne Menschlichkeit.

Das Wohl der Menschheit muss jedem Menschen über Alles gehen. *Cicero.*

Das ist die Forderung, die an den Menschen ergeht, dass er wo möglich vielen Menschen nütze, geht das nicht an, wenigen, geht auch das nicht, seinem Nächsten, und wenn das unmöglich, wenigstens sich selber. *Seneca.*

Immer nützen wir uns selbst, wenn wir Anderen nützen. *Seneca.*

Sich selbst gehört Keiner, Einer verzehrt sich für den Andern. *Seneca.*

Jede Erkenntniss und jede Einsicht in die Natur ist nur Stückwerk, und unvollkommen, wenn sie nicht im Leben sich thätig erweist, und dem allgemeinen Besten zu Gute kommt. Der Endzweck aller Erkenntniss ist das Wohl der Menschheit, mithin steht dieses höher, als die blose Erweiterung der Erkenntniss. *Cicero.*

Unter Allem, was sittlich gut ist, behauptet die Verbindung der Menschen mit einander, ihr Vereinigen zu gemeinsamem Wohl, die Liebe zum Menschengeschlecht selbst den ersten Platz. *Cicero.*

Das menschliche Leben besteht durch Liebeserweisungen und Eintracht, und nicht durch Hass und Zorn, sondern durch gegenseitige Liebe eint es sich zu einem Bunde allseitigen Wohlwollens. *Seneca.*

Die Menschenliebe verbietet Uebermuth gegen unsern Nächsten, sie verbietet die Habsucht; in Empfindungen, Worten und Handlungen erweisst sie sich gegen alle Menschen theilnehmend und freundlich; kein Leiden hält sie für ein fremdes, und was sie Gutes thut, ist ihr darum besonders werth, weil es auch Andern zu Gut kommen kann. *Seneca.*

Was haben wir davon, wenn wir die Tage, die zu schuldloser Freude verwendet werden könnten, zum Kummer und zur Qual eines Andern missbrauchen? Ueber unserm Haupt schwebt das Verhängniss, und rechnet uns die verlornen Tage an, und kommt näher und näher. Warum machen wir uns nicht lieber, so lange wir leben, für Alle zu einem Gegenstand der Liebe, auf dass wir nach unserm Tode ein Gegenstand der Sehnsucht seien? *Seneca.*

Für Wenige lebt, wer nur an sein Zeitalter denkt; viele Jahrhunderte, viele Nationen werden nach uns kommen, — blicke auf diese! *Seneca.*

Wer für das Beste der Menschheit, oder für das Wohl der menschlichen Gesellschaft sorgt, der erfüllt allemal seine Pflicht. *Cicero.*

Die Tugend soll die Herzen der Menschen verbinden, und zu einem gemeinnützigen Wirken hinleiten.
Cicero.

Wer darauf ausgeht, seinen Nächsten zu beschädigen, streitet gegen die Natur. *Cicero.*

Der rechte Mensch ist voll Liebe gegen Andere, ist zu gegenseitiger Hilfeleistung geschaffen; der Zorn ist feindselig, geht auf's Verderben. *Seneca.*

Lasst uns doch lieber in Ruhe und Frieden die kurze Spanne unsres Lebens hinbringen! Auf unsrer Leiche ruhe nicht der Hass auch nur eines einzigen Menschen. *Seneca.*

Man befleissige sich der Menschenliebe, ohne einem Dritten zu schaden; denn es gibt keine Menschenliebe ohne Gerechtigkeit. *Cicero.*

Wo möglich sollen wir allen Ständen gerecht sein.
Cicero.

Bedenke, dass der, welchen du deinen Sclaven nennst, aus demselben Samen entsprossen, unter demselben Himmel dieselbe Luft athmet, und lebt und stirbt wie du.
Seneca.

Es sind Sclaven, aber — Menschen. *Seneca.*

Gehe mit dem Geringeren so um, wie du wünschest, dass die Höheren mit dir umgehen mögen. *Seneca.*

Der Grund aller Gerechtigkeit ist Redlichkeit, oder Zuverlässigkeit und Aufrichtigkeit in Reden und Verträgen. *Cicero.*

Niemand soll das in ihn gesetzte Vertrauen missbrauchen. *Cicero.*

Wer stets überall lauscht, der bewahrt auch nie ein Geheimniss;
Und ein gesprochenes Wort rufst du vergebens zurück.
Horaz.

Der Eid, das ist die feierliche Zusage, bei der man Gott zum Zeugen nahm, muss gehalten werden, nicht nur aus Furcht vor dem göttlichen Zorn, mit dem es nichts ist, sondern weil es die Gerechtigkeit, weil Treu und Glauben es fordern. *Cicero.*

Gewöhne dich, die Wahrheit zu sagen und zu hören.
Seneca.

Die Treue ist das heiligste Gut des menschlichen Herzens; kein Zwang kann sie nöthigen, eine Täuschung zu begehen, keine Belohnung sie bestechen. *Seneca.*

Lieber sterben, als die Treue verletzen. *Tacitus.*

Wer sich besinnt, ist schon abtrünnig. *Tacitus.*

Die schlimmste Ungerechtigkeit ist die, wenn man auf's gröblichste betrügt, und doch ein braver Mann scheinen will. *Cicero.*

Das grösste Unglück ist, dass im menschlichen Leben so oft Arglist für Verstand gilt. *Cicero.*

Viele sind nicht sowohl von Natur menschenfreundlich, als vielmehr aus Ruhmsucht, Wohlthäter scheinen zu wollen, und thun Manches, was mehr in Eitelkeit als Herzensgüte seinen Grund hat. *Cicero.*

Wahre Herzensgüte erstreckt sich auf die ganze Menschheit. *Cicero.*

Nichts ist unvernünftiger, als an manchen nichtigen Dingen, an Ehre, Ruhm, Gebäuden, Kleidern, Körperpflege, Vergnügen zu finden, aber nicht an einem tugendhaften Herzen, das lieben und wieder lieben kann.

Cicero.

Liebe ist allmächtig, Furcht ohnmächtig. *Cicero.*

Willst du geliebt sein, so liebe. *Cicero.*

Die Menschenliebe zeigt sich auf zwiefache Weise, im freiwilligen Geben und im Vergelten von Wohlthaten.

Cicero.

Durch genossene Wohlthat, durch erkannten Diensteifer und durch näheren Umgang wird die Liebe befestigt.
Cicero.

Nichts ist erfreulicher, als gegenseitiges Wohlwollen, Wetteifer in der Güte und Zuneigung und treue Hingebung. *Cicero.*

Ohne Liebe und Wohlwollen hat das Leben keinen Reiz. *Cicero.*

Wir sind nicht desswegen freigebig und wohlthätig, um dafür Vergeltung zu fordern, — denn wir wuchern nicht mit Wohlthat, sondern weil wir einen natürlichen Hang zur Freigebigkeit haben; ebenso halten wir auch die Freundschaft nicht nur etwa zu hoffender Vortheile wegen für wünschenswerth, sondern weil ihr ganzer Genuss in der Liebe selbst besteht. *Cicero.*

Man ist in einem gewaltigen Irrthum, wenn man es für einen Beweis erhabener Gesinnung ansieht, so einer mit Geben und Schenken zuvorkommend ist, und Manchem die Taschen und das Haus füllt, denn bisweilen thut das nur die Grösse des Vermögens, nicht aber die Grösse der Seele. *Cicero.*

Der Weise vereinigt nicht seine Thränen mit denen Anderer, aber er trocknet sie, er reicht die Hand den Schiffbrüchigen, gibt Herberge den Vertriebenen, sein Scherflein dem Dürftigen, und nicht jenes schmähliche, wodurch die Mehrzahl derer, die mitleidig scheinen wollen, den Unterstützten mit Widerwillen von sich weisen, indem sie seine Berührung scheuen, sondern er gibt als Mensch dem Menschen vom Gemeingut. *Seneca.*

Der Weise hält nichts so sehr für sein Eigenthum, als was das ganze Menschengeschlecht mit ihm theilt.
Seneca.

Ich verlange, dass die Freigebigkeit nicht an Unwürdige verschwendet werde, und bin der Meinung, es sei von Keinem eine Wohlthat wünschenswerth, dessen Achtung keinen Werth hat. *Seneca.*

Eine verhasste Gattung von Menschen sind die, welche ihre Gefälligkeiten den Anderen vorhalten; wem sie erwiesen werden, der sollte sie dankbar anerkennen, aber der, welcher sie erwiesen hat, sollte ihrer gar nicht erwähnen. *Cicero.*

Die Erfüllung keiner Pflicht ist nothwendiger, als die der Dankbarkeit. *Cicero.*

Man muss Alles thun, was man kann, um sich möglichst dankbar zu erweisen. *Seneca.*

Den Dankbaren freut die Wohlthat immer, den Undankbaren nur einmal. *Seneca.*

Die Undankbarkeit vieler Menschen darf uns nicht abhalten, den Menschen zu dienen. *Seneca.*

Was wäre denn Edles daran, Vielen zu nützen, wenn man im Keinem sich irrte! *Seneca.*

Was du gibst, schlägst du zu hoch an, was du erhältst, zu niedrig. *Seneca.*

Wer aus gutem Herzen gibt, gibt schnell.
Seneca.

Wenn sich auch Jemand in den Himmel erhoben, und die Beschaffenheit der Welt und die Schönheit der Gestirne durchschaut und erkannt hätte, es wäre ohne Reiz für ihn, wenn er Niemand hätte, dem er es mittheilen könnte. *Cicero.*

Nichts vermag so sehr den Geist zu erquicken, als treue und süsse Freundschaft. *Seneca.*

Was wäre für ein Genuss im Glück, wenn wir nicht Jemand hätten, der sich darüber ebenso freute, als wir selber. *Cicero.*

Den Genuss der Geisteskraft, der Tugend und jeglichen Vorzugs hat man nur dann in vollem Grad, wenn man ihn seinen nächsten Freunden mittheilt. *Cicero.*

Das heisst das Sonnenlicht aus der Welt verbannen wollen, wenn man die Freundschaft aus dem Leben verbannen will. *Cicero.*

Freundschaft ist nichts Anderes, als die vollkommenste Uebereinstimmung in Allem, was die höchsten sittlich-religiösen Grundsätze und die Menschheit betrifft, verbunden mit Wohlwollen und Zärtlichkeit.
Cicero.

Was ist Freundschaft anders, als ein Liebesbund, um dem Andern möglichst viel Gutes zu erweisen, ohne auf sich selbst dabei Rücksicht zu nehmen? *Cicero.*

Wie vieles, das wir um unserer selbst willen nie thun würden, thun wir um der Freunde willen.
Cicero.

Es sei in der Freundschaft ein heiliges Gesetz, dass wir weder etwas Schändliches verlangen, noch auf Verlangen es thun. *Cicero.*

Es sei ein heiliges Grundgesetz in der Freundschaft, dass man von Freunden nur anständige Dinge erwarte, um der Freunde willen nur anständige Dinge thue; dass man sich dazu nicht erbitten lasse, dass der Diensteifer immer da sei, und jede Zögerung entfernt; dass man gerne und freimüthig seinen Rath gebe, dass in der Freundschaft das Ansehn wohlrathenden Freundes am meisten gelte, und dass dieses nicht nur zu offenherzigen, sondern, wo es die Umstände erfordern, auch zu nachdrücklichen Erinnerungen benutzt werde, und dass man sich alsdann darnach richte. *Cicero.*

Gleichgültig gegen das Urtheil Anderer über sich selbst sein, ist Uebermuth oder vielmehr Verworfenheit.
Cicero.

Ohne Wahrheit gibt es keine Freundschaft.
Cicero.

Bittere Feinde nützen oft mehr, als sogenannte süsse Freunde; die Ersten sagen die Wahrheit oft, die Letzteren nie. *Cato.*

In der Freundschaft ist keine Erdichtung, keine Verstellung; Alles, was in ihr ist, ist echt und freiwillig.
Cicero.

Keine Pest in der Freundschaft ist verderblicher, als Schmeichelei, Liebkosung, blinder Beifall. Das Laster, Alles zu Gefallen, und nichts nach der Wahrheit zu reden, kann nicht genug gebrandmarkt werden. *Cicero.*

Die Schmeicheleien haben das Eigene an sich, sie gefallen, auch wenn man sie zurückweist, und hat man ihnen eine Zeit den Zugang verwehrt, am Ende lässt man sie doch ein. *Seneca.*

Wer mein wahrer Freund sein will, muss mich selbst, nicht meine Güter lieben. *Cicero.*

Wer mein Freund ist, liebt mich; wer mich liebt, ist darum noch nicht mein Freund. *Seneca.*

Die meisten Freunde verachten einander im Glück, oder verlassen sich im Unglück. *Cicero.*

Die Grundlage der Festigkeit und Beharrlichkeit, die wir in der Freundschaft suchen, ist die Treue. Nichts ist fest, was untreu ist. *Cicero.*

Man nimmt der Freundschaft einen Hauptschmuck, wenn man aus ihr die Hochachtung wegnimmt. *Cicero.*

Würdig der Freundschaft sind die, welche in sich selbst den Grund der Liebe haben, eine seltene Menschengattung, wie überhaupt alles Vorzügliche selten ist.
Cicero.

Erst muss man selbst ein guter Mensch sein, und dann erst einen Andern seines Gleichen suchen.
Cicero.

In einem echten Freunde sehen wir das Abbild unsrer selbst. *Cicero.*

Zwischen tugendhaften Seelen findet gleichsam ein nothwendiges Wohlwollen statt. *Cicero.*

Freundschaft ist nur möglich unter tugendhaften Menschen. *Cicero.*

Die Freundschaft kann nicht leicht fortdauern, wenn man der Tugend untreu wird. *Cicero.*

Die Freundschaft eröffnet frohe Aussichten in die Zukunft, und lässt unsern Muth nicht schwächen oder sinken. *Cicero.*

Wahre Freundschaften sind von ewiger Dauer.
Cicero.

Die Rechtschaffenheit schätzen wir selbst an unserem Feinde. *Cicero.*

Nichts ist schimpflicher, als mit dem Krieg zu führen, mit dem man vertraut gelebt hat. *Cicero.*

Nicht nur einzelne, sondern ein Volk gegen das andere rasen wir. Todtschläge und Mordthaten an Einzelnen verpönen wir, aber Kriege und das glorreiche Verbrechen gemordeter Völker? *Seneca.*

Es liegt im menschlichen Gemüthe den zu hassen, den man beleidigt hat. *Tacitus.*

Zank und Streit muss man vermeiden. *Seneca.*

Mag dich höhnen und beleidigen, wer da will, du wirst dennoch nichts erleiden, wenn die Tugend mit dir ist.
Seneca.

Was man an einem Andern tadelt, das findet jeder in seinem eigenen Busen. Seien wir daher gelassener gegen einander, wir leben — Böse unter Bösen.
Seneca.

Der Pöbel hasst des Nachbarortes Götter,
Weil jeder glaubt, den Gott, den er verehrt,
Das sei allein der rechte. *Juvenal.*

Frage doch Jeder sich selbst, wie oft er auf einen falschen Verdacht gerathen, wie vielen seiner Dienstleistungen die Umstände den Anschein einer Beleidigung gegeben haben, wie Manche er erst, nachdem er sie gehasst, zu lieben angefangen, so wird er nicht so schnell zürnen können, zumal wenn er bei jedem einzelnen Fall, wo er beleidigt wird, sich selbst im Stillen sagt: So habe ichs auch schon gemacht. Aber wo wirst du Einen finden, der so billig urtheilt? *Seneca.*

Es wird uns auch milder machen, wenn wir bedenken, dass der, dem wir zürnen, uns hie und da nützlich war, und seine Verdienste werden dann die Beleidigung aufwiegen. *Seneca.*

Ich schätze die Wohlthat höher als die Beleidigung.
Seneca.

Was ist rühmlicher, als die Erbitterung mit freundschaftlicher Gesinnung zu vertauschen. *Seneca.*

Zürnt Einer auf dich, so fordre ihn dagegen mit Wohlthaten heraus. *Seneca.*

Dem Rauhen begegne mit Milde. *Seneca.*

Nichts ist unbilliger, als Einen zum Erben des Hasses zu machen, der auf seinem Vater ruhte.
Seneca.

So lange wir noch unter Menschen sind, wollen wir Menschlichkeit üben. Keinem seien wir furchtbar, keinem gefährlich. Verlust, Beleidigungen, Schmähungen, Plackereien wollen wir verachten, und mit hohem Sinn die kurzen Widerwärtigkeiten ertragen. *Seneca.*

Der Weise wird niemals zürnen, und dem, von welchem er beleidigt ist, Schmerz zuzufügen suchen. *Cicero.*

Beleidigung reicht nicht an den Weisen. *Seneca.*

Der Weise thut, was Cato that, als er ins Gesicht geschlagen wurde; er gerieth nicht in Zorn, er rächte sich nicht für die Beleidigung, er verzieh sie nicht einmal, sondern erklärte, es sei ihm gar keine zugefügt worden. *Seneca.*

Derjenige ist gross und edel, der gleich einem grossen Thiere das Gebelle kleiner Hunde anhört, ohne sich darum zu kümmern. *Seneca.*

Es ist der wahren Grösse eigen, nicht zu merken, dass man eine Beleidigung erlitten hat. *Seneca.*

Eine grosse Seele verachtet Beleidigungen.
Seneca.

In der oberen, mehr geordneten Region, in der Nähe der Gestirne bilden sich weder Wolken, noch Stürme oder Wirbelwinde, dort ist kein Aufruhr der Elemente, — nur in den niedrigeren Regionen blitzt es. Ebenso ist ein erhabener Geist immer ruhig, bewahrt seine ungestörte Verfassung, Alles niederdrückend, woraus Zorn entsteht, bescheiden, ehrwürdig, in steter Ordnung. *Seneca.*

Zorn ist kurze Verrückung, drum lenke das Herz, dass dir's folge. *Horaz.*

Vor Allem wehre man dem Zorn bei der Strafe.
Cicero.

Willst du nicht zornsüchtig sein, so sei nicht neugierig. *Seneca.*

Es gibt ein Wort, das ist gegen alle Menschlichkeit, und doch gilt's für etwas Gerechtes, es heisst: Rache, und unterscheidet sich von der Beleidigung nur dadurch, dass diese der Rache vorangeht. *Seneca.*

Nur kleinen schwachen Geistern kann
Die Rache Freude machen. *Juvenal.*

Es ist Sache eines kleinlichen, elenden Menschen, nach dem, der beisst, wieder zu beissen. *Seneca.*

Wieviel besser ist's, dem Schaden des Unrechts zu steuern, als sich zu rächen. *Seneca.*

Wieviel menschenfreundlicher ist's gegen Fehlende ein sanftes, und väterliches Gemüth zu beweisen, und sie nicht zu verfolgen, sondern zum Guten zurück zu führen. *Seneca.*

Auch gegen den Beleidiger haben wir noch Pflichten zu erfüllen. Rache und Strafe haben ihre Grenzen, und beinahe möchte ich es für genug halten, wenn wir den Uebelthäter zum Bereuen seines Unrechts gebracht haben, so dass er in Zukunft dessgleichen nicht wieder thut, und auch Andere sich vor ähnlichen Beleidigungen scheuen. *Cicero.*

Selbst die durch Gewalt Ueberwundenen haben noch ein Recht auf Schonung. *Cicero.*

Das Löblichste und des grossen, ausgezeichneten Mannes Würdigste ist Leutseligkeit und Milde. *Cicero.*

Wir dürfen Niemand ganz übersehen, in dem nur ein gutes Fünkchen sich noch zeigt. *Cicero.*

Auch im Scherze muss das edle Gemüth sein Licht leuchten lassen. *Cicero.*

VIII.

Leben und Tod

Wer so gelebt, dass er den Zweck seines Lebens nicht verfehlt hat, den reuet es nicht, gelebt zu haben.
Cicero.

Es gibt keine schwerere Kunst, als das Leben.
Seneca.

Ihr lebt, als würdet ihr ewig leben; nie kommt euch in den Sinn, wie kurz das Leben ist. *Seneca.*

Kein Leben ist zu kurz, das sich dem erhabenen Dienst erhabener Tugenden weihete. *Cicero.*

Eine kurze Lebenszeit ist lange genug, um tugendhaft und ehrenvoll zu leben. *Cicero.*

Das Leben ist lange genug, und zur Vollbringung der grössten Dinge uns gegeben, — würde es nur immer gut angewendet. *Seneca.*

Um der grauen Haare und Runzeln Willen darfst du nicht denken, dass Einer lange gelebt hat; er hat nicht lange gelebt, — er ist nur lange dagewesen.
Seneca.

Wer täglich an der Vervollkommnung seines Lebens arbeitet, für den hat die Zeit ihren Werth verloren. — Es kommt darauf an, wie gut man lebe, nicht wie lange.
Seneca.

Mit dem Leben ist es, wie mit der Rolle eines Schauspielers; nicht ob lange, sondern ob gut gespielt, das ist die Frage. *Seneca.*

Wer beim Scheiden aus dem Leben sein inneres Verdienst zum Trost hat, der wird zuverlässig den Tod mit Gleichmuth erwarten. *Cicero.*

Dazu müssen wir uns von Jugend an vorbereitet haben, dass wir den Tod gleichgültig betrachten; denn ohne diese Vorbereitung kann man nicht ruhigen Herzens sein. *Cicero.*

Nur der Weise stirbt mit der grössten Ruhe, nur der Thor mit grösster Angst. *Cicero.*

Vor dem Tode zittern wir, weil wir leer sind an allem Guten, und desswegen mit um so heftigerer Liebe am

Leben hängen. Es bleibt uns nichts davon übrig, es ist Alles vorüber, Alles zerronnen. Niemand sorgt, dass er weise, sondern dass er lange lebe, während es doch Jedem gelingen kann, weise, aber Keinem, lange zu leben.
Seneca.

Komme der letzte Tag, wann er will, der Weise wird nicht zaudern, in den Tod zu gehen mit festem Schritt.
Seneca.

Der hat die Weisheit erfasst, der so sorglos stirbt, als er geboren ward. *Seneca.*

Es ist etwas Grosses, woran man lange zu lernen hat, wenn jene unausbleibliche Stunde eintritt, mit Gleichmuth von hinnen zu gehn. *Seneca.*

Leben muss man das ganze Leben hindurch lernen, und was dir vielleicht noch sonderbarer klingt, sein ganzes Leben muss man sterben lernen. *Seneca.*

Am besten, man stirbt, ehe man's wünscht.
Seneca.

Wir sterben täglich. *Lucilius.*

Es ist ungewiss, wo der Tod dich erwarte, darum erwarte Du ihn allenthalben. *Seneca.*

Das Wachsen selbst, wenn man es recht betrachtet, ist ein Abnehmen. *Seneca.*

Das ist unser Irrthum, dass wir den Tod in der Zukunft sehen; er ist zum grossen Theil schon vorüber, denn was von unserem Leben hinter uns liegt, das hat der Tod. *Seneca.*

⁄ Das Leben ist ein Wandern; ist man weit genug gewandert, dann muss man wieder heimgehen. *Seneca.*

Zurückkehren woher man gekommen, was ist Schweres daran? Der lebt gewiss schlecht, der nicht gut zu sterben weiss. *Seneca.*

Es hat noch Keinen gegeben, der länger leben sollte, als er gelebt hat. *Seneca.*

Würdest du nicht den für den grössten Thoren halten, der darüber weint, dass er nicht vor tausend Jahren schon lebte? Ebenso thöricht ist der, welcher darüber weint, dass er nach tausend Jahren nicht mehr leben soll. Es ist kein Unterschied, du wirst nicht sein, wie du einst nicht gewesen bist. Beide Zeiten gehen uns nichts an. Du bist nur in diesen Punkt gesetzt, magst du ihn ausdehnen, — wie lange wirst du es können? Was weinst du? Du gehst dahin, wohin Alles geht. Deiner wartet nichts Neues. *Seneca.*

Viele sind mir vorangegangen, Alle werden folgen.
Seneca.

Der Tod macht Alles gleich. *Seneca.*

Wer an das Licht der Welt tritt, ist zum Sterben bestimmt. Freuen wir uns daher ein Jeglicher dessen, was uns gegeben wird, und geben wir es wieder hin, wenn es von uns zurückverlangt wird. *Seneca.*

Froh und dankbar wollen wir dem Tod entgegen gehn, und darin eine Eröffnung unseres Kerkers, eine Lösung unserer Bande erkennen, weil wir entweder dadurch in die ewige, eigentliche Heimath eingehen oder doch mit der Empfindung, zugleich aller Widerwärtigkeiten ledig werden. *Cicero.*

Der Tod ist Lösung und Ende aller unserer Schmerzen.
Seneca.

Der Tod ist Naturgesetz, der Tod ist der Tribut und die Pflicht der Sterblichen, und das Heilmittel gegen alle Uebel. — Wünschen muss ihn, auch wer ihn fürchtet. — Mache dir ihn dadurch vertraut, dass du viel an ihn denkst, damit du, wenn es einmal sein muss, ihm ruhig entgegen gehen kannst. *Seneca.*

Sollten wir auch nicht unsterblich sein, so ist es für den Menschen doch wünschenswerth, zu seiner Zeit zu verlöschen. Denn die Natur hat, wie allen Dingen der Welt, so auch dem Leben ein Ziel gesetzt. *Cicero.*

Was ist, wird einst nicht sein, aber es wird nicht zu Grunde gehen, sondern nur aufgelöst, nur verwandelt werden. *Seneca.*

Alles, was zu vergehen scheint, wird nur verwandelt. *Seneca.*

Der Tod ist kein Uebel, sondern etwas Gutes. *Cicero.*

Der Tod ist weder ein Gut noch ein Uebel. *Seneca.*

Nicht das ist der Freunde grösste Pflicht, mit feiger Klage dem Entschlafenen nachzuweinen, sondern seinen Willen in Ehren zu halten, sein Vermächtniss zu vollziehen. *Tacitus.*

Es gibt auch eine Eitelkeit der Trauer. *Seneca.*

Wahre Verehrung unserer Todten ist, durch Nacheiferung sie zu preisen; das ist die heilige Pflicht jedes durch Liebe mit ihnen verbundenen Herzens. *Tacitus.*

Dass du einen so trefflichen Bruder hattest, das betrachte als ein Glück. Denke nicht daran, wieviel länger du ihn hättest haben können, sondern wie lange du ihn gehabt hast. *Seneca.*

Mir ist der Gedanke an verstorbene Freunde süss und wohlthuend; denn ich besass sie, als würde ich sie verlieren, und ich verlor sie, als besässe ich sie noch.

Seneca.

Glaube mir, ein gut Theil von Denen, welche wir geliebt haben, bleibt uns, auch wenn das Geschick sie von uns genommen. *Seneca.*

VI.

Germanisch.

1.

Guter Leumund. Tugend.

Selig ist, der sich erwirbt
Lob und guten Leumund. *Edda.*

Viel liegt am Leumund,
Drum gib dir Müh' um guten. *Edda.*

Feuer ist das Beste dem Erdgebornen,
Und der Sonne Schein;
Nur sei Gesundheit ihm nicht versagt,
Und lasterlos zu leben. *Edda.*

Laster und Tugenden liegen den Menschen
In der Brust beisammen.
Kein Mensch ist so gut, dass nichts ihm mangle,
Noch so böse, dass er zu nichts nütze. *Edda.*

Der Hand muss ich darben, du darbst guten Leumunds:
Eins ist schlimm wie das andre. *Edda.*

Der Armselige, Uebelgesinnte
Hohnlacht über Alles,
Und weiss doch selbst nicht, was er wissen sollte,
Dass er nicht fehlerfrei ist. *Edda.*

Alles Böse schwindet. *Edda.*

II.

Lebensglück. Lebensmuth. Selbstvertrauen.
Weisheit. Vorsicht. Mässigkeit.

Ganz unglücklich ist Niemand, ist er gleich nicht gesund:
Einer hat an Söhnen Segen,
Einer an Freunden, Einer an vielem Gut,
Einer an trefflichem Thun. *Edda.*

    Heiter und wohlgemuth erweise sich Jeder
    Bis zum Todestag. *Edda.*

    Sein Schicksal kenne Keiner voraus,
    So bleibt der Sinn ihm sorgenfrei. *Edda.*

Den Tag lob Abends, die Frau im Tode,
Das Schwert, wenn's versucht ist,
Die Braut nach der Hochzeit, eh' es bricht das Eis,
Das Ael, wenn's getrunken ist. *Edda.*

    Manches versäumt, wer den Morgen verschläft,
    Dem Raschen gehört der Reichthum halb. *Edda.*

    Nichts ist übler, als unstät sein. *Edda.*

    Dir selbst vertraue selber. *Edda.*

    Wie Körner im Sand, klein an Verstand
    Ist kleiner Seelen Sinn. *Edda.*

So frommt das Gold in der Fremde nicht,
In der Noth ist nichts so nütze,
Als Wissen und Weisheit. *Edda.*

Das schönste Leben ist dem beschieden,
Der recht weiss, was er weiss. *Edda.*

Der Mann muss mässig weise sein,
Doch nicht allzu weise. *Edda.*

Aus welker Haut kommt oft weiser Rath. *Edda.*

Selig ist, wer selbst sich mag
Im Leben löblich rathen,
Denn übler Rath wird oft dem Mann
Aus des Andern Brust. *Edda.*

Festeren Freund, als kluge Vorsicht
Mag der Mann nicht haben. *Edda.*

Manchem raubt der Wein den Witz. *Edda.*

Im Rausche reden die Menschen viel,
Und wissen nicht was. *Edda.*

Lange zum Becher nur, doch leer' ihn mit Mass. *Edda.*

Trunk mag frommen, wenn man ungetrübt
Sich den Sinn bewahrt. *Edda.*

Tobende Trunkenheit hat Betrübniss schon
Manchem Manne gebracht,
Einigen Unheil, andern den Tod;
Vielfältig ist das Leiden. *Edda.*

Der gierige Schlemmer, vergisst er die Tischzucht,
Schlingt sich schwere Krankheit an;
Oft wirkt Verspottung, wenn er zu Weisen kommt,
Der Magen allein dem Thoren. *Edda.*

Selbst Heerden wissen, wann zur Heimkehr Zeit ist,
Und geh'n vom Grase willig;
Der Unkluge kennt allein nicht
Seines Magens Mass. *Edda.*

III.

Männer und Herrscher. Treue. Wahrhaftigkeit. Reden und Schweigen.

Muth in der Brust ist besser als Stahl,
Wo sich Tapfere treffen.
Den Kühnen immer sah ich erkämpfen
Mit stumpfem Schwert den Sieg. *Edda.*

Kühnheit steht besser als Klagen. *Edda.*

Der milde, muthige Mann ist am glücklichsten,
Den selten Sorge beschleicht,
Der Verzagte zittert vor Allem. *Edda.*

Unterm Bettstroh verbirgt sich der Feige,
Wenn es zum Kampf kommt. *Edda.*

Der unwerthe Mann meint ewig zu leben,
Wenn er vor Kämpfen flieht. *Edda.*

Von seinen Waffen weiche Niemand
Einen Schritt im freien Feld. *Edda.*

Schweigsam und vorsichtig sei des Fürsten Sohn
Und kühn im Kampf. *Edda.*

Der Macht muss der Mann, wenn er klug ist,
Sich mit Bedacht bedienen
Denn bald wird er finden, wenn er sich Feinde macht,
Dass dem Starken ein Stärkerer lebt. *Edda.*

Nicht besiegen Fürsten ihr Schicksal. *Edda.*

Breche Niemand festen Bund! *Edda.*

Mit dem Schwerte zu brechen geschworne Eide,
Geschworne Eide, besiegelte Treu,
Das zu vollbringen geziemet uns nicht. *Edda.*

Wer mit Unwahrheit den Andern belügt,
Ueberlang schmerzen den Strafen. *Edda.*

Schwöre keinen Eid,
Der sich als wahr nicht bewährt,
Grimme Fesseln folgen dem Meineid,
Unselig ist der Schwurbrecher. *Edda.*

Sprich gut oder schweige. *Edda.*

Was wirst du finden, befragst du die Runen,
Die hochheiligen,
Welche Götter schufen, Hohepriester schrieben?
Dass nichts besser sei als Schweigen. *Edda.*

Umsichtig und verschwiegen sei ein Jeder
Und im Zutraun zaghaft.
Worte, die Andern vertraut werden,
Büsst man oft bitter. *Edda.*

Der schwatzt zuviel, der nimmer geschweigt
Eitel unnützer Worte.
Die zappelnde Zunge, die kein Zaum anhält,
Ergellt sich selten Gutes. *Edda.*

Dem übeln Mann eröffne nicht
Was dir Widriges widerfuhr.
Von argem Mann erntest du doch nimmer
So guten Vertrauens Vergeltung. *Edda.*

Drei Worte nicht sollst du mit dem Schlechtern wechseln.
Oft unterliegt der Gute,
Der mit dem Schlechten streitet. *Edda.*

Mit ungesalznem Narren sollst du
Nicht Worte wechseln. *Edda.*

Wissen's Dreie, so weiss es die Welt. *Edda.*

IV.
Freundschaft. Gastfreundschaft. Mitleid. Versöhnlichkeit.

Weisst du den Freund, dem du wohl vertraust,
Und erhoffst du Holdes von ihm,
So tausche Gesinnung und Geschenke mit ihm,
Und suche manchmal sein Haus heim. *Edda.*

Gab und Gegengabe begründet Freundschaft,
Wenn sonst nichts entgegensteht. *Edda*

Ein Umweg ist zum untreuen Freunde,
Wohnt er gleich am Wege;
Zum trauten Freunde führt ein Richtsteig,
Wie weit auch der Weg sich wende. *Edda.*

Jung war ich einst, da ging ich einsam
Verlassne Wege wandernd;
Doch fühlt' ich mich reich, wenn ich Andre fand;
Der Mann ist des Mannes Lust. *Edda.*

Das ist Seelentausch, sagt Einer getreulich
Dem Andern Alles, was er denkt. *Edda.*

Der ist kein Freund, der zu Gefallen spricht.
Edda.

Das rath' ich zuvörderst, gegen Freunde
Ledig zu leben aller Schuld. *Edda.*

Altem Freunde sollst du der erste
Den Bund nicht brechen.
Das Herz frisst dir die Sorge, wenn du keinem
mehr sagen
Kannst deine Gedanken all. *Edda.*

Die Liebe verscherzt, wer zu lange weilt
In des Andern Haus. *Edda.*

Der Gabe wird stets Vergeltung. *Edda.*

Wo Noth du findest, nimm dich ihrer an. *Edda.*

Mit guter Begegnung erlangt man vom Gaste
Wort und Wiedervergeltung. *Edda.*

Den Wandrer fahr' nicht an, noch weis' ihm die Thür',
Gib dem Bittenden gern. *Edda.*

Mit Kost und Kleidern erquicke den Wandrer,
Der über Felsen fuhr. *Edda.*

Das Herz blutet Jedem, der erbitten muss
Sein Mahl alle Mittag. *Edda.*

Einer ist reich, der Andre arm:
Den soll Niemand narren. *Edda.*

Andrer Unglück soll dich nicht freuen;
Ihren Vortheil gönnen ihnen. *Edda.*

Mit Schimpf und Hohn verspotte nicht
Den Fremden noch den Fahrenden.
Selten weiss, der zu Hause sitzt,
Wie edel ist, der einkehrt. *Edda.*

Vergilt nicht gute Gabe mit üblem Lohn! *Edda.*

Sei zur Rache nicht rasch, wenn sie dir Unrecht thun.
Edda.

V.

Eignes Haus. Genügsamkeit. Liebe. Mann. Weib. Mutter.

Eigen Haus, ob auch eng, geht vor,
Daheim bist du Herr. *Edda.*

Zwei Ziegen nur und ein Strohdach
Ist besser als betteln. *Edda.*

Volle Speicher sah ich bei des Reichen Söhnen,
Die heuer am Hungertuch nagen;
Ueberfluss währt einen Augenblick,
Dann flieht er, der falscheste Freund. *Edda.*

Nicht ärger Uebel den Edeln quälen mag
Als Liebesleid. *Edda.*

Lass Weiberschönheit dir den Schlaf nicht rauben.
Edda.

Weise wandelt in Tröpfe auf Erden
Der Minne Macht. *Edda.*

Offen bekenn' ich, der beide wohl kenne,
Der Mann ist untreu dem Weibe;
Wir reden am Schönsten, wenn wir am Schlechtesten
denken:
So wird die Klügste geködert. *Edda.*

Der alberne Geck, gewinnt er einmal
Gut oder Gunst der Frauen,
Gleich schwillt ihm der Kamm, doch die Klugheit nicht,
Nur im Hochmuth nimmt er zu. *Edda.*

Des Andern Frau verführe du nicht
In heimlicher Zwiesprach. *Edda.*

Unrecht meide und List und Tücke.
Keine Maid verführe, noch die Frau des Andern,
Verleite sie nicht zur Lüsternheit. *Edda.*

Willst du ein gutes Weib zu deinem Willen bereden,
Und Freude bei ihr finden, so verheiss' ihr Holdes,
Und halt' es treulich; des Guten wird die Maid nicht
müde. *Edda.*

Die Liebe der Frau, die falschen Sinn hegt,
Gleicht unbeschlagenem Ross auf schlüpfrigem Eis,
Muthwillig, zweijährig und übel gezähmt;
Oder steuerlosem Schiff auf stürmender Fluth,
Der Gemsjagd des Lahmen auf glatter Bergwand.

Edda.

Am Wege sitzen böse Weiber oft,
Die Schwert und Sinn betäuben. *Edda.*

Verderben stiften einem Tapfern sah ich
Uebeln Weibes Wort;
Die giftige Zunge gab ihm den Tod,
Nicht seine Schuld. *Edda.*

Dass seine Mutter todt, das ist das Herbste dem Manne.
Edda.

VI.

Tod und Nachruhm.

Leben ist besser, auch leben in Armuth,
Blind sein ist besser, als verbrannt werden,
 Der Todte nützt zu nichts mehr. *Edda.*

Das Vieh stirbt, die Freunde sterben,
Endlich stirbt man selbst,
Doch nimmer mag ihm der Nachruhm sterben,
 Welcher sich guten gewann. *Edda.*

Eines weiss ich was bleibt:
Das Urtheil über den Todten. *Edda.*

Nimm des Todten dich an,
Wo du im Feld ihn findest,
Sei er siechtodt oder seetodt,
Oder vom Stahl getroffen. *Edda.*

Ein Hügel hebe sich dem Heimgegangenen,
Gewaschen seien ihm Haupt und Hand,
Zur Lade komm' er gekämmt und trocken,
 Und bitte, dass er selig schlafe. *Edda.*

Wegweiser zu den Quellen.

Uebereinstimmend mit den Unterschriften der einzelnen Aussprüche, und in chronologischer Reihenfolge, steht in dem hier folgenden Verzeichniss, bei den drei ersten Abtheilungen: Chinesisch, Indisch, Persisch, jedesmal zuerst, mit kurzer biographischer Notiz, der Name Desjenigen, von welchem einer der Aussprüche herrührt, oder welchem er wenigstens nach allgemeiner Annahme zugeschrieben wird; wenn der Urheber ganz unbekannt, oder doch zu wenig sicher ist, steht statt dessen das alte Schriftwerk, in welchem der Ausspruch ursprünglich sich vorfindet, und in beiden Fällen folgt dann unter dem Zeichen * die genaue Angabe der von mir zur Sammlung der Aussprüche benutzten älteren oder neueren Werke. Bei den drei letzten Abtheilungen: Griechisch, Römisch, Germanisch, sind, als den bekannteren, alle Notizen über die von mir benützten Quellen, beziehungsweise die Verfasser der einzelnen Aussprüche unter dem Zeichen * so kurz als möglich in Einem zusammengefasst, und die einzelnen Werke mit Rücksicht auf den populären Charakter meiner Arbeit, nicht in griechischer oder lateinischer, sondern deutscher Sprache angeführt. Wo der Verfasser und die Schrift ganz unbekannt sind, was nur bei wenigen griechischen Stellen der Fall, und dort durch das Zeichen . . . . . . angedeutet ist, dafür fehlt natürlich auch in diesem Quellenverzeichniss jede weitere Auskunft; wo es in noch selteneren Fällen ungewiss, welcher Verfasser — wenn deren mehrere gleichen Namens vorhanden — gemeint ist, da stehen dieselben unentschieden neben einander.

I. Chinesisch.

Lao-tse, — geboren Ende des 7. Jahrhunderts vor Chr., Vorsteher der Bibliothek des Kaisers *Ting-ouang*, Stifter der Religion des Tao, oder der Tugend, und Verfasser des *Tao-te-King*.

* Lao-tse-Tao-te-King: Der Weg zur Tugend. Aus dem Chinesischen übersetzt und erklärt von *Reinhold von Plänckner*. Leipzig 1870.

Kong-fu-tse (Confucius) — geb. um 550 v. Ch., gest. 479, Lao-tse's jüngerer Zeitgenosse, Wiederhersteller und Neubegründer der alten chinesischen Reichsreligion. Er sammelte die ältesten Urkunden der gesammten chinesischen Literatur und gab sie mit seinen eigenen Erklärungen und Zusätzen heraus, in den fünf Büchern: Y-King, Schu-King, Schi-King, Tschün-tsieu und Li-King; seine eigensten Werke sind die von ihm und seinen Schülern verfassten »vier Bücher,« übersetzt von *W. Schott*.

* Wilhelm Schott, Werke des tschinesischen Weisen Kung-fu-dsü und seiner Schüler. Aus der Ursprache übersetzt und mit Anmerkungen begleitet. Erster Theil: *Lün-Yü*. Halle 1826. Zweiter Theil: Berlin 1832.
* The works of Confucius, containing the original text with a translation, by *Marshman*. Vol. 1. Serampore 1809.
* Tschoùng-yoûng. In: Notices et extraits des Manuscr. de la Bibliothèque du Roi, von *Abel Rémusat*. Paris 1818. Tome X.
* Le Chou-King, par M. *De Guignes*. Paris 1770.
* Schi-King, chinesisches Liederbuch, gesammelt von Confucius, dem Deutschen angeeignet von *F. Rückert*. 1833.

Meng-tse, — geb. um 360 v. Ch., gest. um 314, einer der hervorragendsten chinesischen Sittenlehrer, Anhänger des Kong-fu-tse; seine Lehren sind im letzten der «vier Bücher» des Kong-fu-tse aufgezeichnet.

* Meng-Tseu, vel Mencium edidit Stanislaus Julien. Lutetiae Paris. 1824.

II. Indisch.

Yagur-Veda, — eine der vier ältesten indischen Religionsurkunden, welche uns unter dem Namen: Rig-Veda, Sama-Veda, Yagur-Veda und Athar-Veda erhalten sind. Die ursprüngliche Abfassung dieser Urkunden reicht in's entfernteste Alterthum, vielleicht — nach Alb. Weber (»Akademische Vorlesungen über indische Literaturgeschichte« Berlin 1852) — bis in jene frühe

Zeit, wo die später erst sich trennenden Inder und Perser als die Indo-Arier und Persa-Arier im Norden Indiens noch beisammen wohnten; die Redaktion derselben fällt in spätere Zeit, und war — nach Ersch und Gruber — im dritten Jahrhundert v. Chr. vollendet, wurde aber — nach Ch. Lassen («Indische Alterthumskunde», von 1844 — 61.) — schon um's 7. oder 11. Jahrhundert v. Chr. begonnen. Unter ihnen ist der Yagur-Veda für die Kenntniss der Religion des ältesten Brahmanenthums oder des Brahmanismus die Hauptquelle.

> * **Yagur-Veda**, Theile desselben, übersetzt in *H. Th. Colebrooke's* »Abhandlung über die heiligen Schriften der Indier«. Aus dem Englischen, nebst Fragmenten der ältesten religiösen Dichtungen der Indier von Dr. *L. Poley*. Leipzig. 1847.

Manu, — der sagenhafte indische Gesetzgeber, welcher als Verfasser des unter seinem Namen uns überlieferten Gesetzbuches gilt, das aber wahrscheinlich, ruhend auf älteren Urkunden, — und vielfach überarbeitet, erst im 3. oder 2. Jahrhundert v. Chr. seine jetzige Gestalt erhalten hat.

> * **Manu,** Hindu-Gesetzbuch, aus dem Englischen des *Jones* übersetzt von *Hüttner*. 1797.

Bhagavad-Gita, — eine Episode des alten nationalen indischen Heldengedichtes Mahâ-Bhârata, alte und neue Bestandtheile gemischt enthaltend, und nach vielen Ueberarbeitungen wahrscheinlich erst in sehr später Zeit in seiner jetzigen Form verfasst.

> * **Bhagavad-Gita,** übersetzt von Dr. *F. Lorinzer*. Breslau 1869.

Harivansa, — ein episch-didaktisches Gedicht, ebenfalls aus sehr später Zeit.

> * **Harivansa,** an epic poem written by *Veda Vyasa Riohi*. Calcutta 1839. (Urtext in Sanskrit.)

Upnek'hat, — eine persische Uebersetzung der Upanishad's, welches Abhandlungen didaktischen Inhaltes sind, und zu den alten Veda-Urkunden gehören, aus später Zeit, wahrscheinlich von *Dara Schekuh*, Bruder des *Aureng-Zeyb*.

> * **Versuch einer neuen Darstellung der uralten Indischen All-Eins-Lehre,** oder der berühmten Sammlung Των Ουπνεκάτων, nach dem lateinischen, der persischen Uebersetzung wörtlich getreu nachgebildeten Text des Herrn *Anquetil Du Perron*, von *Th. A. Rixner*, Professor der Philosophie zu Passau. Nürnberg 1808.

Buddha, (Çakjamuni oder Gautama) — der grosse Reformator Indiens, Gründer des Buddhaismus, im Gegensatz zum Brahmanismus; lebte wahrscheinlich im 6. Jahrhundert v. Chr. und starb um 544. Nach seinem Tode verbreitete sich seine Lehre weit über die Grenzen Indiens, östlich nach Hinterindien über das Birmanische Reich, nach China und Japan, südlich nach Ceylon besonders, und nördlich nach Nepal, Kaschmir, Tibet, Mongolei u. s. w. und entstanden daher eine grosse Menge buddhistischer Schriften, welche sich die Aufgabe stellten, des Reformators Aussprüche und Religionsgesetze der Nachwelt zu überliefern. Die wichtigsten sind diejenigen, welche auf den grossen buddhistischen Synoden zu Maghada, Pataliputra und in Kaschmir, etwa vom Jahre 540 bis 246 v. Chr. festgesetzt und als die »kanonischen« erklärt wurden; sie waren in der Sanskritsprache geschrieben und wurde später in's Pâli und verschiedene andere Sprachen übersetzt und überarbeitet. Was wir heute besitzen, stammt, in der gegenwärtigen Form der Abfassung, aus dem 1. Jahrhundert n a c h Chr. und gilt darunter — ausser den Schriften der sogenannten »nördlichen Buddhisten« von China und Tibet — als das werthvollste das *Dhammapadam*, in welchem, nach der Ansicht des ums Jahr 420 n. Chr. in Ceylon lebenden indischen Gelehrten *Buddhagosa*, und selbst derjenigen neuerer Forscher, wenn nicht lauter echte Aussprüche Buddha's, doch jedenfalls viele solcher enthalten sind, daher sie namentlich *Alb. Weber* in seinen »Indischen Streifen« (1868) die »kostbarsten und ältesten Dokumente der buddhistischen Literatur« nennt

* Dhammapadam, oder Damma Padan, ex tribus codicibus Haunensibus Palice edidit, latine vertit, excerptis ex commentario Palico notisque illustravit *V. Fausböll*. Hauniae 1855.

* Dasselbe, übersetzt von *Albrecht Weber* in seinen „Indische Streifen." Berlin 1868.

* Ssanang-Ssetsen, Chungtaidschi, der Ordus. Geschichte der Ostmongolen und ihres Fürstenhauses. Aus dem Mongolischen übersetzt und mit dem Originaltext nebst Anmerkungen herausgegeben von *Is. Jacob Schmidt*. Petersburg und Leipzig. 1829.

* Sangermano. A description of the Burmese Empire compiled chiefly from the national documents by the Rev. father Sangermano, and translated from his Mss. by *William Tandy*. Rome 1838.

* E. Burnouf, Introduction à l'histoire du Buddhaisme indien. Paris 1844.

III. Persisch.

Yaçna, — Khorda-Avesta, — Vispered, — Vendidad, — sind die Namen der Hauptbücher, welche in der heiligen Schrift der Perser: Avesta, oder Zend-Avesta zu einem Ganzen vereinigt sind. Sie sind ihrem wesentlichen Inhalt nach sehr alt, stammen von mehreren Verfassern und aus verschiedenen Zeiten; erst später wurde, in Folge der hohen Verehrung, die er als Reformator in Persien erlangt hatte, irrthümlich als einziger Verfasser der Name *Zoroaster*, richtiger *Zerduscht* oder *Zarathustra* an ihre Spitze gestellt; dieser lebte im 6. Jahrhundert (599—522), nach anderen Annahmen dagegen schon ums Jahr 1900 v. Chr.

> * Avesta, die heilige Schrift der Perser. Aus dem Grundtext übersetzt, mit steter Rücksicht auf die Tradition, von *F. Spiegel*. Leipzig 1852—1863.

IV. Griechisch.

Die Uebersetzungen der hier folgenden griechischen, und im nächsten Abschnitte der römischen Schriftsteller, sind, sofern sie nicht von mir selber herrühren, den bekannten, theils in eigenen Werken, theils in den sogenannten „Anthologien," oder in den besonders von *G. L. F. Tafel*, *C. N. Osiander* und *G. Schwab* herausgegebenen grossen Sammelwerken, von *Bode*, *Curtius*, *Droysen*, *Donner*, *Georgii*, *Gutmann*, *Haakh*, *Herder*, *Jakobs*, *Marbach*, *Moser*, *Prantl*, *Pauly*, *Passow*, *Stolberg*, *Seeger*, *Schlegel*, *Thiersch*, *Voss*, *Walz*, *Weber*, *Welker*, *Zell* u. s. w. entnommen.

* Homer, Name des ältesten und gefeiertsten griechischen Dichters, dessen Persönlichkeit jedoch so sagenhaft, dass bestimmte Angaben unmöglich. Nach Einigen soll er ums Jahr 1000 v. Chr. gelebt haben und in Kleinasien geboren sein. Um die Ehre seines Geburtsortes stritten sich sieben Städte. Jedenfalls stammen sowohl die seinen Namen tragenden zwei grossen Dichtungen Ilias und Odyssee, als noch vielmehr die Hymnen (33) und Epigramme (15) von mehreren Verfassern und aus verschiedenen Zeiten.

* Hesiod aus Askra in Böotien, epischer Dichter, lebte ungefähr zwischen 900 und 800 v. Chr.; seine wichtigsten Werke: Theogonie und Werke und Tage.

Archilochos aus Paros, 719 — 663 v. Chr., Jambendichter; nur Fragmente.

* Kallinos aus Ephesos, um 680 v. Chr., elegischer Dichter; Fragmente.
* Simonides aus Amorgos, um 664 v. Chr., Jambendichter, Fragmente über »die Frauen«.
* Tyrtaeos aus Athen, oder Aphidnae, um 640 v. Chr., heroischer Dichter; drei Elegien und Kriegslieder erhalten, und Fragmente.
* Bias aus Priene, um 620 v. Chr., einer der »sieben Weisen,« didaktischer Dichter; Fragmente.
* Pittakos aus Mitylene, um 612 v. Chr., einer der »sieben Weisen,« didaktischer Dichter, Fragmente.
* Alkaios aus Mitylene, um 603 v. Chr., Lyriker, Fragmente.
* Sappho aus Eresos, um dieselbe Zeit, lyrische Dichterin; 2 Oden erhalten und Fragmente.
* Thales aus Milet, um 600 v. Chr., einer der «sieben Weisen;« Fragmente in anderen Schriftstellern.
* Orphische Hymnen, genannt nach *Orpheus*, der im 14. oder 13. Jahrhundert v. Chr. gelebt haben soll, dessen ganze Persönlichkeit aber von Aristoteles schon als eine der Sage angehörende bezeichnet wird. Die nach ihm genannten 88 Hymnen stammen aus viel späterer Zeit, wahrscheinlich dem 6. Jahrhundert v. Chr., wenn nicht, wie Andere meinen, aus dem 1. Jahrhundert n. Chr.
  Solon aus Athen, um 594 v. Chr., Gesetzgeber, einer der »sieben Weisen,« didaktischer Dichter; Fragmente.
* Mimnermos aus Kolophon, um dieselbe Zeit, elegischer Dichter; Fragmente.
* Kleobulos, einer der »sieben Weisen,« gest. um 560 v. Chr.; Fragmente.
* Anacreon aus Teos, zwischen 560 und 490 v. Chr., Lyriker, 5 Bücher Gedichte, wovon nur wenige übrig.
* Simonides von Keos, geb. 556, gest. 467; Lyriker, Fragmente.
  Aesop, aus Phrygien? um die Mitte des 6. Jahrhunderts v. Chr., Fabeldichter, seine Sammlung vielfach überarbeitet.
* Theognis aus Megara, um 544 v. Chr., didaktischer Dichter; sein Werk: Lebensregeln ist mit fremden Zusätzen untermischt.
* Xenophanes aus Kolophon, um 541 v. Chr., episch-didaktischer Dichter; Fragmente.

* Phokylides aus Milet, um 540 v. Chr., elegisch-didaktischer Dichter; Fragmente.
* Pythagoras aus Samos, blühte zwischen 540 u. 500 v. Chr., Stifter der pythagoräischen Schule. Philosoph, Dichter; ihm wurden die «Goldnen Sprüche» zugeschrieben, deren Echtheit aber stark bezweifelt wird.
* Aeschylos aus Eleusis, geb. 525, gest. 456 v. Chr., tragischer Dichter; schrieb 70—90 Dramen, wovon nur wenige erhalten sind: die Perser, Sieben von Theben, die Schutzflehenden, Prometheia, Agamemnon, die Grabesspenderinnen, Eumeniden, und diese nicht alle vollständig.
* Pindar aus Theben, geb. 518, gest. 442 v. Chr., lyrischer Dichter; 45 Siegeshymen und einige Fragmente.
* Sophocles aus Kolonos, geb. 495, gest. 405 v. Chr., tragischer Dichter; schrieb über 100 Dramen. wovon nur Antigone, König Oedipus, Trachinierinnen, Elektra, der rasende Ajax, Philoktet, Oedipus auf Kolonos und Fragmente erhalten sind.
* Herodot aus Halikarnassos, geb. 484, gest. 424 v. Chr., Geschichtschreiber, neun Bücher Geschichte.
* Euripides aus Athen, geb. 480, gest. 406 v. Chr., tragischer Dichter; schrieb 75, nach Andern 92 Dramen, wovon unter anderm noch übrig: Medea, der rasende Herakles, Elektra, die Schutzflehenden, Orestes, Iphigenia auf Tauris, Iphigenia auf Aulis u. s. w.
* Panyasis aus Samos oder Halikarnassos, zwischen 480 und 445 v. Chr., epischer Dichter; Fragmente.
* Socrates aus Athen, geb. 469, gest 399 v. Chr.; die ihm zugeschriebenen Aussprüche finden sich in den Schriften seiner Schüler *Xenophon* und *Plato*, da er selber nichts aufgezeichnet
* Democrit aus Abdera, geb. 469, gest. 361 v. Chr., atomistischer Philosoph; Fragmente.
* Hippocrates aus Kos. geb. 460, gest. 372 oder 351 v. Chr., Arzt; seinen Namen tragen 70 Schriften, deren grösster Theil aber unecht.
* Bakchylides aus Keos, um 450 v. Chr., lyrischer Dichter; Fragmente.

* **Xenophon aus Athen.** geb. um 444. gest. um 355 v Chr., Geschichtschreiber und Philosoph; unter seinen vielen Schriften sind die wichtigsten: Anabasis, Cyropädie, Gastmahl, Denkwürdigkeiten des Socrates, Vertheidigung des Socrates.
* **Plato** oder **Platon aus Athen**, geb. 430, gest. 348 v. Chr., Socrates grösster Schüler, Stifter der akademischen Schule; unter seinen vielen philos. Schriften sind hier besonders hervorzuheben: das Gastmahl, Phädon, die Vertheidigung des Socrates, der Staat u. s. w.
* **Antisthenes aus Athen,** um 404 v. Chr., Schüler des Socrates, Stifter der Philosophenschule der „Kyniker"; nur Fragmente.
* **Aristippos aus Cyrene,** um 390 v. Chr, Schüler des Socrates. Stifter der Cyrenäischen Phylosophenschule; von seinen Schriften nur wenige Fragmente.
* **Aristoteles aus Stagira in Macedonien,** geb. 384, gest. 322 v. Chr., Stifter der Philosophenschule der „Peripatetiker"; unter seinen vielen Schriften besonders: die Ethik, in 10 Büchern.
* **Zeno aus Kition auf Cypern,** geb. 362, gest. 264 v. Chr., Stifter der „stoischen" Philosophie. Fragmente nur in andern Schriftstellern.
* **Epicur aus Gargettos,** geb. 342, gest. 270 v. Chr., Stifter der Philosophenschule seines Namens; schrieb über 300 Werke, von denen nichts mehr übrig als Fragmente.
* **Menander aus Athen,** geb. 342, gest. 291 v. Chr., Verfasser von 80 Komödien, von denen nur Fragmente übrig, und Epigrammatiker.
* **Alkaios aus Messene,** um dieselbe Zeit; Epigrammendichter; Fragmente.
* **Dioskorides,** wahrscheinlich aus Alexandrien, im 3. Jahrh. v. Chr., Epigrammendichter; Fragmente.
* **Theocrit aus Syrakus,** um 275 v. Chr., Idyllendichter; 21 Epigramme.
* **Bion aus Smyrna,** um dieselbe Zeit, Idyllendichter.
* **Kleanthes von Assos in Troas,** um 264 v. Chr., stoischer Philosoph und Hymnendichter; Fragmente.
* **Ptolemaios (Ptolemaeus),** wahrscheinlich der Astronom, der im 2. Jahrh. nach Chr. in Alexandrien lebte.

* **Erykios** aus Kyzikos, um 85 v. Chr., Epigrammendichter; Fragmente die sich aber von denen des weiter unten genannten nicht mehr unterscheiden lassen.
* **Krinagoras** aus Mitylene, zur Zeit von Christi Geburt, Epigrammendichter; Fragmente.
* **Lukillios**, unter Nero, Epigrammendichter; Fragmente.
* **Lukianos** aus Samosata, um das Jahr 100 nach Chr. Sophist, einer der hervorragensten Bekämpfer des Christenthums; viele noch vorhandene philosoph. Schriften und 49 Epigramme.
* **Erykios** aus Thessalien, zu Hadrians Zeit. Epigrammendichter; Fragmente.
* **Metrodoros**, zur Zeit Constantin des Grossen, Verfasser geometrischer und astronomischer Schriften, Epigrammendichter; Fragmente.
* **Palladas** aus Chalcis, nach Constantin M., Epigrammendichter; Fragmente.
* **Ariphron**, Lyriker, unbestimmt; nach einigen aus Sicyon, von 600 v. Chr., übrig ein Päan.

V. Römisch.

* **Cato, M. Porcius**, geb. 234 in Tusculum, gest. 149 v. Chr., berühmter römischer Redner; ausser der Schrift über »Landbau« nur Fragmente.
* **C. Lucilius**, geb. 148 in Suessa, gest. 103 v. Chr., Satyriker, Fragmente.
* **M. Tullius Cicero** aus Arpinum, geb. 106, gest. 43 v. Chr., der grösste philosopisch gebildete römische Redner, bekleidete mehrere Staatsämter, und wurde für seine Bemühungen um Erhaltung der alten republikanischen Verfassung geächtet und auf Befehl des Triumvir Antonius ermordet. Unter seinen vielen Schriften besonders: Cato, der ältere, oder vom Greisenalter. — Laelius, oder von der Freundschaft. — Von den Pflichten (3 Bücher). — Vom höchsten Gut und Uebel (5 Bücher). — Die tuskulanischen Unterredungen (5 Bücher).

* Q. Valerius Catullus aus Sirmio, geb. 77 (87), gest. 47 v Chr., lyrisch- epigrammatischer Dichter; 116 Gedichte in seinem Buch „An Cornelius Nepos".
* Q. Horatius Flaccus aus Venusia, geb. 65, gest. 9 v. Chr. einer der gefeiertsten röm. Dichter. Freund Virgils, besonders hervorragend durch seine satirische Darstellung der Verkehrtheiten seiner Zeit. Seine Werke sind die: Oden und Epoden (5 Bücher); Satiren (2 B.) und 23 Episteln (2 B.).
* L. Annaeus Seneca aus Corduba in Spanien, geb. um 2, gest. 65 nach Chr., nach Cicero der bedeutendste philosophische Schriftsteller, und zwar der stoischen Schule, Erzieher des Nero, und auf dessen Befehl wegen Theilnahme an einer Verschwörung zum Tod verurtheilt, den er sich selber gab durch Oeffnen der Adern. Wegen der hohen Reinheit seiner Sittenlehre, kam im 4. Jahrhundert nach Chr. die Sage auf, dass er mit dem Apostel Paulus persönlich, oder doch wenigstens mit den Schriften der ersten Christen bekannt gewesen sei, wovon bei den älteren Kirchenlehrern, wie Augustinus und Lactantius keine Spur zu finden ist.

Von seinen Werken siehe besonders: Ueber den Zorn (2 Bücher). — Trostschrift an seine Mutter Helvetia. — Trostschrift an Polybius. — Trostschrift an Marcia. — Von der Vorsehung. — Von der Gemüthsruhe. — Von der Standhaftigkeit des Weisen. — Von der Muse oder Einsamkeit des Weisen. — Von der Gnade (An Kaiser Nero). — Von der Kürze des Lebens. — Vom glücklichen Leben. — Von den Wohlthaten. — Briefe an Lucilius. — Naturbetrachtungen (7 Bücher).
* Decimus Iunius Juvenalis aus Aquinum, geb. um 40, gest. um 120 nach Chr., Satyrendichter; 16 vorhanden.
* C. Cornelius Tacitus aus Interamna (?), geb. um 54, gest. nach 117 n. Chr., Geschichtschreiber und Staatsmann, Freund des jüngeren Plinius. Von seinen Werken siehe: Das Leben Agrikolas. — Geschichtsbücher (Historien 5 B.). — Jahrbücher (Annalen) (16 B.), welche letztere jedoch nicht vollständig erhalten sind.

VI. Germanisch.

* **Edda,** «die ältere» und die «jüngere,» ist die Haupturkunde für Kenntniss des alten germanischen, oder richtiger skandinavisch-germanischen Heidenthumes, das sich im Unterschied vom eigentlichen deutschen Land. — wo es dem Vordringen des römischen Christenthums weit früher erlag — bei den Stammverwandten des Nordens, in Skandinavien, d. h. Schweden, Norwegen und Dänemark, selbst nach der Einführung des Christenthumes am Ende des zehnten Jahrhunderts, noch eine Zeit lang ungeschwächt erhalten hat. Dass beide Stämme des grossen germanischen Wurzelstammes, der südliche und nördliche, wesentlich dieselben Götter und sittlich-religiösen Vorstellungen und Grundsätze hatten, darüber ist kein Zweifel mehr. Um so mehr sind wir berechtigt, in den einzig noch erhaltenen ältesten Schrifturkunden, den Edden, welche auf Island ihre heutige Gestalt erhielten, aber ihrem Inhalt nach auf das Mutterland Norwegen und Schweden zurückweisen, die Quellen, und zwar die echtesten, für die Anschauungen auch unserer südlichen, der eigentlich germanischen, Stammesvoreltern zu erkennen.

Die ältere Edda, aus Liedern der Götter- und Heldensagen stehend, soll von dem isländischen Gelehrten *Sämund Sigfusson,* der 1056 geb. wurde und 1133 starb die jüngere, aus einer prosaischen Darstellung der altnordischen Mythologie bestehend, soll von *Snorri Sturlason,* geb. 1178, gest. 1241, gesammelt worden sein, wofür aber alle näheren Nachweisungen fehlen. Jedenfalls sind die Lieder, welche die für unseren Zweck wichtigere «ältere» enthält, so alt, dass sie mit ganz geringen Ausnahmen, nach Ansicht der berühmtesten neueren deutschen Alterthumsforscher, «aus christlicher Zeit nicht herrühren können», und den untergegangenen Glauben unserer Vorväter, wie namentlich *Jakob Grimm* sagt, «so frisch und unschuldig wiedergeben, wie es bei keinem anderen Volk der Fall ist.»

Beide Edden sind zum erstenmal übersetzt und zusammen herausgegeben von:

Karl Simrock, Die Edda, die ältere und jüngere, nebst den mythischen Erzählungen der Skalda. 3. Aufl. Stuttgart 1864.

Von demselben Verfasser ist früher erschienen und durch alle Buchhandlungen zu beziehen:

Die Messias-Sagen des Morgenlandes. Hamburg 1852. O. Meißner. Thlr. 1. 7½ Sgr. = fl. 2. 15. = fl. 2. 35 östr. Währ.

Opfer und Opfermahle des Alterthums, mit Einschluß des christlichen Abendmahles. Ein geschichtlicher Ueberblick. Mannheim, 1862. Tobias Löffler, 14 Sgr. = 48 kr. = 80 kr. östr. Währ.

Freie Stimmen aus dem heutigen Frankreich, England und Amerika über Lebensfragen der Religion. Gesammelt und übersetzt. Mannheim 1865. J. Schneider. 2 Thlr. 10 Sgr. = fl. 4 = fl. 4. 10 östr. Währ.

Der neueste Fasten-Hirtenbrief des Erzbischofs von Freiburg. Mannheim 1866. J. Schneider. 4½ Sgr. = 15 kr. = 25 kr. östr. Währ.

Die freien religiösen Gemeinden in ihrem weltgeschichtlichen Beruf. Festrede. Mannheim 1866. J. Schneider. 2 Sgr. = 6 kr. = 10 kr. östr. Währ.

Die Entstehung der geistlichen und weltlichen Macht des Papstthums. Mannheim 1867. J. Schneider. 15 Sgr. = 48 kr. = 80 kr. östr. Währ.

Ein Gruß in die Heimath. Vier Vorträge aus Anlaß meines Wegzuges von Mannheim nach Nürnberg. Mannheim 1869. — J. Schneider. 7 Sgr. = 24 kr. = 40 kr. östr. Währ.

Desgleichen ist erschienen:

„Es werde Licht!" Freireligiöse Monatsblätter zur Förderung der Religion der Humanität. Nürnberg. Selbstverlag (C. H. Zeh).

Erster Jahrgang. 1870.
Inhalt: 1. Unterm Weihnachtsbaum. 2. O, kämpst du wieder, Sohn des Morgenlandes! 3. Die Gleichgültigkeit der Eltern gegenüber der religiösen Erziehung ihrer Kinder. 4. Die Osterfeste und Ostersagen aller Religionen? 5. Alte und neue Weltanschauung. 6. Auch eine Himmelfahrt. 7, 8, 9, 10, 10a. Offener Brief an einen protestantischen Geistlichen Bayerns. 11. Der gegenwärtige Krieg. 12. Das Dogma der Verzweiflung.

Zweiter Jahrgang. 1871.
Inhalt: 1. Zu neuen Siegen! 2. Die Sehnsucht der Völker. 3. Weihnachten 1870. Das römische Weltreich zur Zeit Jesu. 4. Wahnsinn oder Religion? 5. Ein deutscher Prophet. 6. Schöner Tod. (Auch eine Osterbetrachtung.) Worauf wollt ihr noch warten? (An die freidenkenden Katholiken.) 7. Paulus, ein Vorbild von Ueberzeugungsmuth und Ueberzeugungstreue. 8. Die Marien-Verehrung. 9. und 10. Durch! (Erinnerungen aus meinem eigenen Leben.) Mein Kinderglaube. Schwerer Kampf und schwerer Sieg. 11. Wo ein Priester hintritt, wächst kein Gras mehr. 12. Auch deine Stunde kommt!

Dritter Jahrgang. 1872.
Inhalt: 1. Was ist Religion? 2. Das Paradies der Bibel. 3. Gedanken über Menschenglück und Völkerfrieden. Ein andrer Prometheus. (Lud. Feuerbach.) 4. Schillers Religion. 5. Ein Bannfluch der Synagoge. (Spinoza.) 6. Eine Confirmation. 7. Hat die altkatholische Bewegung eine Zukunft? 8. Meine Pfingstreise nach Sachsen. 9. Zur Würdigung des Jesuitengesetzes. 10. Andre Zeiten, andre Feste. 11. Die Furcht vor einem Weltuntergange. 12. Dem Andenken Lud. Feuerbachs. Worte an seinem Grabe. Seine letzten Stunden. Gedicht, von Hektor.

NB. Jeder Jahrgang, 12 Bogen, mit farbigem Umschlag geheftet, kostet: 21 Sgr. = fl. 1. 12. = fl. 1. 10 ö. W.

Ferner erscheint in monatlichen Lieferungen
und werden vom Verfasser oder den Buchhandlungen Abonnementsbestellungen angenommen auf den im November 1872 beginnenden vierten Jahrgang von: **„Es werde Licht!"** alle Monat ein Bogen, Vorausbezahlung per Jahr fl. 1. 12. — 21 Sgr. = fl. 1. 10. österr. Währ.

www.ingramcontent.com/pod-product-compliance
Lightning Source LLC
Chambersburg PA
CBHW021954220426
43663CB00007B/812